टूटते दायरे

टूटते दायरे

डॉ. रमेश पोखरियाल 'निशंक'

लेखश्री पब्लिकेशन

ISBN : 978-81-905388-2-4

लेखश्री पब्लिकेशन
पन्नालाल लेन, 21-ए, दरियागंज,
नयी दिल्ली-110002
द्वारा प्रकाशित

संस्करण : 2019

मूल्य : ₹ 350.00

सिटी प्रेस, दिल्ली-110095 द्वारा मुद्रित

लेखश्री पब्लिकेशन, वाणी प्रकाशन की सहयोगी संस्था

दो शब्द

श्री रमेश पोखरियाल 'निशंक' से मेरा पहला परिचय करीब बीस-बाईस साल पहले एक साहित्यकार के रूप में हुआ था। वे एक पत्रिका और अपना प्रकाशन चलाते थे। मुझे याद है कि मैंने तब इस बात पर ध्यान नहीं दिया था कि वे साहित्य के अलावा जीवन के दूसरे क्षेत्रों में भी उतने ही सक्रिय हैं। दूसरे शब्दों में, वे राजनीतिज्ञ और लोकप्रिय सामाजिक कार्यकर्ता भी हैं। लेखन और प्रकाशन के प्रति उनकी जो निष्ठा थी, उससे मैं परिचित था, मगर मैं उन्हें साहित्य की दुनिया में कदम रख चुके एक पूर्णकालिक लेखक की तरह ही देख रहा था। जिस राजनीतिक संगठन के वे सदस्य थे, मैं उससे भी नहीं जुड़ा था, मगर साहित्य के प्रति उनकी अंतरंगता से मैं प्रभावित था। मुझे लगा कि अपने व्यस्त राजनीतिक

जीवन के बीच जो आदमी साहित्य के आत्मीय क्षण उतनी ही अंतरंगता के साथ जी लेता है, वह कोई छोटी बात नहीं है।

उन्होंने अपनी कुछ कहानियाँ मुझे पढ़ने के लिए दीं और उन पर अपनी प्रतिक्रिया माँगी। उन कहानियों में एक अभावग्रस्त मध्यवर्गीय युवक की अपने समाज को लेकर व्यक्त की गई गम्भीर चिंताएँ थीं। कहानियों में कोई निश्चित परिवेश नहीं था, जैसा कि अपने ही पहाड़ी क्षेत्र का निवासी होने के कारण मैं उनकी कहानियों में तलाश रहा था, लेकिन परिवेश से जुड़े जो संदर्भ और बिंब उनकी कहानियों में थे, उनमें से अधिकतर हमारे ही चारों ओर के थे। उन कहानियों में साफ देखा जा सकता था कि उनकी मुख्य चिंता भौतिक आपाधापी के बीच तेजी से भागते हुए आज की कहानी में क्षरित होते जा रहे मानवीय मूल्यों के तलाश की थी।

वह पिछली सदी का आखिरी दशक था, जब एक सदी आखिरी साँसें ले रही थी और दूसरी दस्तक दे रही थी। पूरे संसार में इस अंतर को केवल बुद्धिजीवी और कलाकार ही नहीं, समाज के हर तबके के लोग तलाश रहे थे। अवश्य ही निशंक की उन आरम्भिक कहानियों में एक नए लेखक की तरह का कच्चापन मौजूद था, मगर मानवीय जिज्ञासा का ऐसा स्वरूप वहाँ मौजूद था, जो एक दृष्टिसम्पन्न लेखक के लिए आवश्यक होता है।

इन बातों ने मुझे आकर्षित किया और मैंने अपनी प्रतिक्रिया संक्षेप में उन्हें भेजी....यह भी लिखा कि विस्तार से कहानियों की समीक्षा करते हुए उन्हें पत्र लिखूँगा। मगर उन्हीं दिनों मुझे तीन वर्ष के लिए विदेश जाना पड़ा और वहाँ की नई व्यस्तताओं के बीच लिखना संभव नहीं हो पाया। उन्हीं दिनों मैंने महादेवी जी के रामगढ़ आवास को एक साहित्यिक संग्रहालय के रूप में विकसित करने का संकल्प लिया था, जो अधूरा छूट गया था।

मेरे विदेश प्रवास के दौरान ही 'निशंक' हमारे तत्कालीन राज्य उत्तर प्रदेश के संस्कृति मंत्री बने और मेरी अनुपस्थिति में

उन्होंने बिना मेरे कहे संग्रहालय परिसर का कई बार भ्रमण किया और एक पुस्तकालय भवन का निर्माण करवाया, जो आज भी 'शैलेश मटियानी पुस्तकालय' के रूप में वहाँ मौजूद है। इस बात से सहज ही अंदाज लगाया जा सकता है कि जीवन की उनकी वरीयताएँ क्या हैं।

मेरे लिए सचमुच यह सुखद आश्चर्य का अहसास था कि हमारे राज्य के मुख्यमंत्री बनने के कुछ ही दिनों के बाद उन्होंने मुझे अपना नया कथा-संग्रह 'टूटते दायरे' की पांडुलिपि इस आशय से भेजी कि मैं उसकी भूमिका लिख दूँ। निश्चय ही इस बीच वे बहुत व्यस्त रहे होंगे। इस तरह की व्यस्तता के बीच उन्हें अपनी कहानियों के संदर्भ में मेरी याद आई, यह मेरे लिए कभी न भूला जा सकने वाला अहसास था। इन कहानियों को पढ़ना भी मेरे लिए सुखद अहसास था। सत्रह कहानियों के लगभग सवा सौ पृष्ठों के इस संग्रह में अपने समाज तथा परिवेश को लेकर 'निशंक' की चिंताएँ उसी तीव्रता से देखी जा सकती हैं, जो उनकी आरंभिक कहानियों में मैंने पाई थीं। इन कहानियों में लेखक के रूप में उनकी दृष्टि का विस्तार भी साफ देखा जा सकता है। हिंदी कहानी के समकालीन परिदृश्य की मुख्यधारा में उनकी कहानियों को कहाँ पर जगह मिलती है, यह तो हिंदी के आलोचक तय करेंगे। मगर इसमें संदेह नहीं कि वे हमारे समय की कहानियाँ हैं। इन कहानियों में चित्रित सरोकार हमारे समय की मुख्यधारा से जुड़ी हुई गम्भीर चिंताएँ हैं।

संग्रह में सत्रह कहानियाँ हैं, जिनमें से अधिकतर में बदलती सामाजिक मान्यताओं का द्वंद्व चित्रित करते हुए पुराने और नए मूल्यों के बीच संतुलन बनाए रखने की मंशा साफ दिखाई देती है। लेखक एक ऐसे समाज की चिंता करता दिखाई देता है, जो परस्पर सहयोग, करुणा और पुरानी सड़ी-गली मान्यताओं को खत्म करने की दिशा में सक्रिय हो। चूंकि हमारा नया समाज इस बीच बहुत तेजी से बदला है, लेकिन यह भी सच है कि जिस तेजी से समाज बदलता

है, उसकी सापेक्षिता में आदमी के लिए बदल पाना सम्भव नहीं होता, इसलिए इन कहानियों में पात्रों के मानसिक द्वंद्व और अंतर्विरोधों की अपेक्षा घटनाओं के विवरण पर लेखक का अधिक आग्रह दिखाई देता है।

ऐसे में कहानियाँ पठनीय तो बन जाती हैं, मगर कहीं-कहीं उनमें सुधारवादिता के प्रति आग्रह दिखाई देता है। उदाहरण के लिए संग्रह की पहली कहानी 'जग की रीत' में संयुक्त परिवारों की टूटन से उत्पन्न त्रासदी को व्यक्त किया गया है। संतान को माँ-बाप अनेक सपनों के साथ पालते हैं, लेकिन संतान को भी अपना जीवन नए सिरे से आरम्भ करना होता है, एक नई दुनिया बसानी होती है, जिसमें कई बार न चाहते हुए भी अपने बूढ़े माता-पिता को उन्हें अकेला और असहाय छोड़ने के लिए विवश होना पड़ता है। कभी ऐसा परिस्थितियों वश होता है और कभी विवाहोपरान्त घर में नया सदस्य आने के कारण। नए समाज में तो कभी-कभी कुछ लोग जानबूझ कर भी ऐसा करते हैं। इस कहानी में लेखक की पक्षधरता किसी मनोवृत्ति या वर्ग-विशेष के प्रति नहीं, बदलते समाज में आदमी के जीवित रहने की अनिवार्यता के साथ है और लेखक उन मानवीय विडंबनाओं को उजागर करना चाहते हैं, जिन्हें कभी-कभी आदमी को न चाहते हुए भी उसे अपनाना पड़ता है।

कहानी में सुप्रिया और सुधीर ऐसे ही दो चरित्र हैं जिन्होंने अपने बेटे अनंत को बहुत उम्मीदों के साथ पाला था, लेकिन विवाह के बाद अनंत अपनी पत्नी के आभा-मंडल में ऐसा फँसा कि उसे अपनी लकवाग्रस्त माँ की सुध लेने का भी अवसर नहीं मिला। 'अंधेर' कहानी में प्रभुत्वशाली वर्ग के द्वारा न्याय व्यवस्था को अपने कब्जे में करने और भोले मानवीय मूल्यों के समाज में अप्रासंगिक होते चले जाने का द्वंद्व है।

सुनयना के द्वारा असामाजिक तत्वों का प्रतिरोध किये जाने के कारण अपना असाधारण सौंदर्य तो गँवाना ही पड़ता है, न्याय-व्यवस्था से भी उसे अपना अधिकार नहीं मिल पाता। अपने

निर्भीक और दबंग व्यक्तित्व के कारण वह उचक्कों को कोई भाव नहीं देती तो अतीत सुंदरी सुनयना के चेहरे में तेजाब फेंक कर उचक्के उससे बदला लेते हैं। वे सभी लोग समाज के सम्पन्न और वर्चस्व वाले लोग हैं जिस कारण न्याय और कार्यपालिका भी उनके इशारे पर चलती है। चेहरे को विकृत कर दिए जाने के बाद पुलिस के द्वारा अपराधियों को पकड़ लिया जाता है मगर वे जेल से भी भागने में सफल होते हैं। पुलिस के द्वारा उन्हें रोकने की प्रक्रिया में दो अपराधी मारे जाते हैं।

सुनयना अपराध के खिलाफ अपना पक्ष जारी रखती है लेकिन मानवाधिकार आयोग के लोग अपराधियों का पक्ष लेते हुए पुलिस को बर्बर और असामाजिक कहते हुए आंदोलन खड़ा करते हैं। धन और बल के वर्चस्व वाले समाज में सुनयना की कराह कोई नहीं सुनता। उसकी पीड़ा है कि एक जीवित व्यक्ति के दर्द को, जिसके सामने एक लंबी अभिशापमय जिंदगी पड़ी है, उसकी तो किसी को चिंता नहीं है, मगर मृत अपराधियों की चिंता समाज को सताये जा रही है। जब कोई उसकी व्यथा सुनने के लिए तैयार नहीं होता, तो वह न्यायालय में उपस्थित लोगों से सवाल करती है, ''क्या मानवाधिकार संगठन सिर्फ मृत व्यक्तियों के लिए ही हैं? क्या मेरे मौलिक अधिकारों का उल्लंघन नहीं हुआ है? क्या हक था उन्हें मेरी आँखें छीन लेने का और मेरा चेहरा कुरूप कर डालने का? जो व्यक्ति इस दुनिया से चला गया, उसे तो जीवन से छुटकारा मिल गया, लेकिन मुझे तो जीना है और इन्हीं हालातों में जीना है। मुठभेड़ को लेकर हायतौबा मचाने वाले और मानवाधिकारों की दुहाई देने वालों को क्या यह नहीं दिखता कि मेरे भी तो अधिकारों का हनन हुआ है।''

'हत्यारे' कहानी प्रेमचंद की कहानी 'मंत्र' की तरह सम्पन्न व्यक्ति के सामने अभावग्रस्त व्यक्ति की करुणाजन्य नियति को दर्शाती है। प्रेमचंद से यह कहानी इस रूप में अलग है कि इसमें आज के समय की विद्रूपताएँ भी जोड़ दी गई हैं। प्रेमचंद के

डॉक्टर चड्ढा का तो भगत की सदाशयता के कारण हृदय परिवर्तन हो जाता है, लेकिन इस कहानी के डॉक्टर न तो पहले गरीबों की मदद करते, न बाद में। वे अमीरों के डॉक्टर हैं और अस्पतालों में दवाइयों को बेचने का काला धंधा करते हैं। यही नहीं, वे नकली दवाइयों को बेचकर निर्दोष लोगों की जान लेने में भी नहीं हिचकते।

प्रेमचंद के बाद विकसित होते चले गए हमारे समाज का यह एक तरह से अप्रिय एक्सटेंशन है। इसी तरह 'भिखारिन' कहानी भी प्रेमचंद के समकालीन कथाकार विश्वम्भरनाथ शर्मा 'कौशिक' के इसी से मिलते-जुलते 'भिखारिणी' नाम से प्रकाशित उपन्यास की याद दिलाती है। फर्क यह है कि इस कहानी में कौशिक और 'निशंक' के सामाजिक फलक में बहुत अंतर नहीं आया है, जब कि इस बीच लगभग आठ-नौ दशक का समय बीत चुका है। इससे यह बात सामने आती है कि हमारे समाज की असंगतियों में इस बीच भारतीय समाज में प्रबुद्ध और प्रगतिशील समाज का उदय हुआ है और इस रूप में मानवीय सरोकारों में भी अंतर आया है। 'निशंक' की कहानी इस रूप में अपनी पूर्ववर्ती रचना का विस्तार है कि वह अपने युग का यथार्थ बखानती है।

संग्रह की कहानी 'पगली' में भी इसी तरह का सामाजिक वितान दिखाई देता है। पहले किसी पगली के साथ बलात्कार की घटना की जो सामाजिक प्रतिक्रिया होती थी, आज का समाज इस तरह की घटना से उसी तरह से प्रतिक्रियाशील नहीं होता। इस कहानी में लेखक ने आज के समाज के यथार्थ इस रूप में प्रस्तुत किया है कि आज के समय में सामाजिक असुरक्षा और लोगों की हवस-प्रियता के कारण कभी-कभी अच्छी-भली युवती को भी पगली का नाटक करना पड़ता है और यह सब समाज में उसके इस अहसास के चलते है कि कोई भी उसका पक्ष जानने या सुनने के लिए तैयार नहीं है।

'लालच बुरी बला है' नामक कहानी शिक्षाप्रद है, जो आँख मूंदकर विश्वास करने के फलस्वरूप जालसाजों के व्यूह में फंसे सरल-सीधे पहाड़ी जन की दर्दभरी कहानी है। बैंक लोन का चक्रव्यूह एक अशिक्षित पर्वतीय ग्रामीण के घर को तबाह कर देता है। अच्छी सरकारी योजनाओं का एक बुरा पक्ष यह भी है।

हमारी वर्तमान न्याय-व्यवस्था के अंतर्विरोधों की मार्मिकता उजागर करती है कहानी, 'अपराधी कौन', तो बाकी अधिकांश कहानियाँ-'अहसास', 'बेड़ियाँ, 'नशा', 'खोया सम्मान' आदि बदलते सामाजिक सम्बन्धों को लेकर लिखी गई हैं। 'विडंबना', 'नया जीवन', 'वापसी', 'कृतज्ञ' आदि कहानियाँ सामाजिक सुरक्षा प्रदान करने वाले मूल्यों के झटके से टूटने और नए मूल्यों के प्रति आस्था न जुड़ पाने की विसंगतियों को उजागर करती हैं।

मोटे तौर पर ये सभी कहानियाँ हमारे आज के समाज में तेजी से अंकुरित हो रही असमानता, असामाजिकता और अमानवीयता का विसंगतिपूर्ण चेहरा उजागर करती हैं। यह बात विशेष रूप से उल्लेखनीय है कि लेखक के पास संवेदनशील दृष्टि ही नहीं, आदमी की आदमियत का पक्ष लेने वाला निर्भीक विवेक भी मौजूद है, और इसी आधार पर कहा जा सकता है कि 'निशंक' की ये कहानियाँ हमारे आज के समाज में सार्थक हस्तक्षेप करती हैं।

मुझे विश्वास है कि हिंदी कहानी की विकास-यात्रा में ये कहानियाँ अपना स्थान बना सकने में समर्थ होंगी।

मेरी शुभकामनाएँ।

डॉ. लक्ष्मण सिंह बिष्ट 'बटरोही'

पूर्व अध्यक्ष हिंदी, एवं अधिष्ठाता, कला संकाय,

निदेशक, महादेवी वर्मा सृजन पीठ,

कुमाऊँ विश्वविद्यालय

अपनी बात

संघर्ष और चुनौतियों से जो रिश्ता हमारे जीवन का है, वही रिश्ता सार्थक साहित्य का भी है। प्रतिबद्धता की मशाल जलाए निरन्तर अन्याय व अँधेरे से जूझना इन दानों का धरम है। जीवन और साहित्य तभी सार्थक हैं, जब ये जनोन्मुखी और जनसरोकारी हों। लोकहित की भावना से अनुप्राणित हों। साहित्य की भी इसीलिए कलागत उपयोगिता से जीवनगत उपयोगिता ज्यादा है। यह हमारी सभ्यता, संस्कृति की पहचान ही नहीं, जीवन मूल्यों की धड़कन भी है।

इसी धड़कन में मेरे अन्दर आम आदमी की व्यथा-कथा से जुड़ने की छटपटाहट और उसकी आवाज बनने की अकुलाहट पैदा की। उसके अस्तित्व ही नहीं, अस्मिता की लड़ाई भी लड़ने का जोश भरा है। आत्मीय, सामाजिक रिश्ते व दायरों से लेकर

परिवेश के लिए संवेदना जगायी है। यही पीड़ा समय-समय पर मेरी कहानियों व उपन्यासों में अभिव्यक्त भी होती आई है।

'टूटते दायरे' हमारे बदलते समाज की त्रासदियों का आईना है। समाज के क्षरित होते मूल्य, रिश्तों की चुकती ऊष्मा, दम तोड़ती संवेदनाओं व तमाम अन्य विडंबनाओं व विद्रूपताओं ने मुझे इस कदर झकझोरा कि मन में उमड़ता-घुमड़ता ज्वार इन सत्रह कहानियों के संग्रह के रूप में फूट पड़ा।

'जग की रीत', बाजारवाद के इस निर्मम दौर में आम हो चली संयुक्त परिवारों के टूटन की कसक के साथ-साथ औलाद को लेकर सँजोए सपनों के तार-तार होने की मर्मांतक पीड़ा का भोगा हुआ यथार्थ है। 'अंधेर' जड़ समाज की अराजकता और अंधेरगर्दी के आगे बौने पड़ते मानवीय मूल्यों की गहरी चोट का बखान है। इसी तरह अंदर तक हिला गई वेदनाओं से उपजी हैं और कहानियाँ भी। यह सब प्रतिबद्धता है मेरी रचनाओं की। अन्याय और अंधेर के खिलाफ न सिर्फ लड़ने की बल्कि मंजिल तक पहुँचने की भी।

उम्मीद है, सभी लोग इस जज्बे और जुनून को न सिर्फ सराहेंगे, बल्कि इस पावन मुहिम की ताकत भी बनेंगे।

–रमेश पोखरियाल 'निशंक'

अनुक्रम

जग की रीत	17
अंधेर	25
हत्यारे	33
भिखारिन	39
पगली	46
अपराधी कौन	53
अहसास	62
बेड़ियाँ	71
खोया सम्मान	80
नशा	92
जैसी करनी वैसी भरनी	101

लालच बुरी बला 108
नया जीवन 116
कृतज्ञ 125
विडंबना 134
सच्चा प्यार 142
वापसी 154

जग की रीत

दुनिया में औलाद के सुख से बड़ा कोई सुख नहीं है। पर इसी औलाद के दु:ख से बड़ा कोई दु:ख भी नहीं है। यही औलाद माँ-बाप को स्वर्ग दिखाती है, तो यही नरक भी भुगतवाती है। माँ की बरसों पुरानी ये सीख सुप्रिया को आज समझ में आ रही थी। जिन्दगी के ताने-बाने का जैसा रेशा-रेशा सुलझने लगा। उसकी आँखें भर आईं। वह मन ही मन बुदबुदाई–

'माँ, तुम ठीक कहती थी, जो कहीं नहीं हारता वह अपनी औलाद से हार जाता है। आज मैं भी हार गई, अपनी औलाद से।'

'जिसे जना, पाला-पोसा, वही आज मुझसे विमुख हो गया। बेटा, बहू, पोते होते हुए भी आज यह लावारिस सा जीवन! एक

तो वैधव्य, यूँ ही जिन्दा लाश बना देता है, ऊपर से अपाहिज शरीर। हाथ-पाँव ही सलामत होते, तो भी जीवन ठेल लेती।

इस मृत्यु शैया पर यह जीवन नैया कब तक चलेगी? नैन्सी न होती तो कितनी दुर्गत हो जाती। न जाने कब की मर-खप भी गई होती। जाने किस जनम का रिश्ता है इससे। बेटी की तरह सेवा में जुटी रहती है। वरना घर का चौका-बर्तन करने वाली ही तो है यह। अपना काम निपटाती और चल देती। बहुत होता तो खिला-पिला जाती। इस तरह रोज-रोज नहलाना-धुलाना और शौच आदि नित्य कर्म कराने से तो एक दिन अपनी औलाद भी ऊब जाए। फिर जिसे पूरी नौ महीने कोख में सहेजे रखा, पाल-पोस कर बड़ा किया, वही कितना पूछ रहा है।' यही सोच-सोचकर वह और विचलित हो जाती।

शाम का धुँधलका गहराने लगा था। नैन्सी ने आकर कमरे की बत्तियाँ जला दीं, तो सोच में डूबी सुप्रिया की तंद्रा टूट गई। बिस्तर पर पड़ी वह खिड़की से बाहर शहर की बड़ी-बड़ी अट्टालिकाओं में पल-पल रंग बदलती रोशनियों के बीच अपने अतीत में खोई थी। मन हुआ नैन्सी को कहे कि ये बत्तियाँ बुझा दे या फिर कोई हल्की बत्ती जला दे। जब तक वह इशारा करती, नैन्सी बाहर निकल गई। उसने आँखें बंद कर लीं। फिर भी चैन न आया तो उसने हल्के से माथे पर बाँह धर आँखें ढक ली।

न मालूम क्यों रोशनी से उसे बेचैनी होने लगती।

एक समय था जब चारों तरफ रोशनी में नहाया घर उसे अच्छा लगता। जरा कहीं अँधेरा देखती, वह तुरंत टोक दिया करती। यकीन ही नहीं होता यह वही सुप्रिया है, जो चंचल चपला सी दिनभर घर में नाचती रहती। बड़ी खुश मिजाज थी। घर में पति-सुधीर ही नहीं उसके माता-पिता भी उसके गुणों का बखान करते नहीं अघाते थे। बस यही हँसता-खेलता छोटा सा परिवार था

उसका। दो साल बाद घर बच्चे की किलकारी से गूँज उठा। अनंत खुशियों से भरे माँ-बाप ने लाड़ले का नाम ही रख दिया अनंत।

बस यही इकलौता कुल-दीपक था उनका। भावी उम्मीदों का जनक और बुढ़ापे का सहारा। था तो वह प्रखर बुद्धि का, पर जरूरत से ज्यादा लाड़-प्यार ने उसे जिद्दी बना दिया। पढ़ाई-लिखाई में वह हमेशा अव्वल रहता। तेज तर्रार था ही, सो पढ़ाई पूरी करते ही वह एक अच्छी बहुराष्ट्रीय कंपनी में नौकरी पा गया। अच्छे घर से रिश्ता भी आ गया, तो उसका विवाह कर सुधीर और सुप्रिया अपनी जिम्मेदारी से मुक्त हो गए।

इसी बीच सुधीर के सिर से माता-पिता का साया भी उठ गया। सुप्रिया अकेली हो गई। घर उसे खाली-खाली लगता। सुधीर देर रात ही दफ्तर से लौटता। बेटा-बहू दोनों ही मुंबईवासी हो गए। अपने ही काम और गृहस्थी में मस्त। मिलना-जुलना तो दूर, महीनो-महीनों फोन तक करने की जहमत वह नहीं उठाते।

इधर सुधीर की सेवानिवृत्ति के भी अब पाँच ही साल रह गए थे। जैसे-तैसे जिन्दगी कट रही थी कि एक हादसे ने उसकी कमर ही तोड़कर रख दी। दुर्घटना में सुप्रिया का 'ब्रेन हैमरेज' हो गया। डॉक्टरों की मेहनत-मशक्कत से उसका जीवन तो बच गया, लेकिन शरीर का दाहिना हिस्सा फालिज मार गया। अपाहिज होकर वह बिस्तर पर पड़ गई। तमाम इलाज कर दिए पर कुछ सुधार नहीं हुआ। बुरी तरह टूट गए सुधीर ने स्वैच्छिक सेवानिवृत्ति ले ली और सुप्रिया के ही देखभाल में लग गया। जिस सुधीर को कभी सुप्रिया ने पानी का गिलास तक नहीं उठाने दिया, उसे आज घर-बाहर का सारा काम करते देख वह खून के आँसू रोती। खुद को कोसती-'ये दिन देखने से अच्छा होता मुझे मौत आ जाती।'

उधर बेटे के पास माँ-बाप के लिए समय ही नहीं था। माँ के ऑपरेशन की जानकारी मिली, तो मजबूरन आना ही पड़ा।

पत्नी भी साथ लग गई। पर आते ही वही काम व बच्चों के स्कूल का रोना। बच्चे भी लेकर आता तो सुप्रिया कुछ दिन रुकने की जिद भी करती, पर वह मन मसोस कर रह गई।

लेकिन हद तब हुई, जब अनंत ने औपचारिकतावश भी माँ-बाप से साथ चलने का जिक्र तक नहीं किया। माँ को उम्मीद थी शायद बेटा जिद करेगा, साथ ले चलने को। कहेगा–

–बड़ा शहर है। बड़ी सुविधाएँ हैं, काबिल डॉक्टर हैं, यहाँ से बेहतर इलाज हो जाएगा।

पर वह तो एक लफ्ज भी नहीं बोला। आँसू छिपाने को सुप्रिया ने अपनी आँखें मूँद लीं।

स्वाभिमानी सुधीर तो बेटे को बुलाने के पक्ष में ही नहीं था। सुप्रिया की ही बार-बार जिद पर उसने उसे फोन किया था। पर आने न आने का उन्होने कोई जिक्र भी नहीं किया था। बस बता भर दिया कि फलाँ दिन ऑपरेशन होना है।

इधर अनंत की पत्नी मन ही मन आशंकित थी कि कहीं ऐसा न हो कि बीमार सास का बोझ उन्हें उठाना पड़े। घुमा-फिरा कर वह पहले ही कई बार अनंत को मुंबई स्थित अपने फ्लैट में जगह न होने की बात कह चुकी थी। पर वहाँ जाने की नौबत ही नहीं आई।

अपनी नौकरी के दौरान गाँव के समीप छोटे शहर में सुधीर ने अपने रहने लायक मकान बनवाया था। उसी मकान में दोनों अपनी बाकी जिन्दगी गुजार रहे थे। एक तो उम्र का तकाजा, ऊपर से सुप्रिया की बीमारी के चलते सुधीर भी अस्वस्थ रहने लगे। घर के काम के लिए उन्होंने एक लड़की रख ली। घर की सफाई से लेकर खाना बनाने और अन्य छोटे-बड़े काम वही निपटा जाती। पर सुधीर सुप्रिया के सारे काम अपने ही हाथों से करना पसंद करते।

सुप्रिया को इस हालत में पड़े-पड़े दस साल हो गए। लेकिन कोई सुधार नजर नहीं आया। अब तो सुधीर को भी अक्सर सीने में दर्द की शिकायत रहने लगी। पर लापरवाही कर जाते। कहते भी तो आखिर किससे? पत्नी खुद ही अशक्त है। बेटे ने इतने सालों में कभी सुध तक न ली। पर इधर हालातों से अब सुधीर टूटने लगा था। वह बाहर भले जाहिर न करे, अंदर ही अंदर चाहता कि उन दोनों का बुढ़ापा अब बेटे-बहू के साथ ही कटे।

पड़ोस में शर्मा जी को देखकर वह कभी और बेचैन हो जाते। सोचने लगते–

–कितने भाग्यशाली हैं शर्मा जी। उनका लड़का देखो कैसे उन्हें आए दिन अपने पास बुलाने की जिद किया करता है। एक हमारा बेटा है उसने एक बार भी आज तक ये नहीं कहा कि तुम लोग इधर आ जाओ।

शर्मा जी और उनकी पत्नी दोनों ही वृद्ध थे और सुधीर की तरह ही वे भी अकेले ही पड़ोस में रहते थे। वह अक्सर सुधीर से कहा करते–

–अपने को तो अकेले ही आनंद आता है। बेटा कई बार पास बुलाने की जिद कर चुका है। बहू और पोते भी बुलाते नहीं थकते। लेकिन इस खुली आबोहवा को छोड़कर उस महानगर के घुटनभरे फ्लैट में दम तोड़ने कौन जाए!

खैर, जैसे-तैसे दिन कट ही रहे थे। लेकिन किस्मत को शायद ये भी मंजूर नहीं था। सुप्रिया लकवे से पीड़ित थी। पर आज तो उसकी जिंदगी को भी लकवा मार गया। रात का वक्त था। कराहने की आवाज सुनकर पास ही लेटी सुप्रिया की नींद टूट गई। देखा सुधीर सीना दबाए दर्द से छटपटा रहे हैं। असहनीय पीड़ा चेहरे से साफ झलक रही थी। सुप्रिया ने उठने की लाख कोशिश की। पर उसके शरीर में हिलने-डुलने तक की सामर्थ्य

नहीं थी। आवाज से भी वह बेवश थीं कुछ देर छटपटाने के बाद सुधीर अचानक शांत हो गए और निढाल हो बिस्तर पर लुढ़क गए। सुप्रिया असहाय सी यह सब देखती रह गई। अपनी किस्मत को कोसने के सिवा उसके पास कोई चारा भी नहीं था।

बस कैसे ही रात बीते, वह इसी उधेड़बुन में थी। उसे उम्मीद थी, कम से कम सुबह दरवाजे बंद देखकर कोई तो उनका हालचाल लेने पहुँचेगा। पर सारी आस धरी की धरी रह गई। कोई झाँकने तक नहीं आया। आता भी कैसे। महानगरीय संस्कृति ने तो शहरीकरण की ओर बढ़ते इस कस्बे की मानवीय संवेदनाओं को भी निगल लिया। यहाँ भी पड़ोसी को पड़ोसी से कोई सरोकार नहीं रह गया था। काम वाली लड़की भी आई, तो उसने भी दो-चार बार दरवाजा खटखटाया और चलती बनी। अखबार वाला अखबार फेंक गया। दूध वाला दूध की बाल्टी दरवाजे के किनारे रखकर चलता बना।

इसी इंतजारी में आधा दिन निकल गया। धीरे-धीरे शाम भी ढलने को आ गई। सुप्रिया इंतजार ही करती रह गई। सुधीर शाम को पार्क में टहलने जाया करता था। वहीं उसके कुछ हमउम्र साथी भी मिल जाते और इस तरह टहलना हो जाता और मन भी बहल जाता। शर्मा जी को खटका हुआ कि सुधीर आज क्यों नहीं आया। सोचा घर लौटते हुए उसकी खबर लेते चलूँ। दरवाजा बंद पड़ा था। अखबार दूध आदि सब दरवाजे पर ही रखे पड़े थे। उनका माथा ठनका। दरवाजा खटखटाया, पर अंदर से कोई प्रतिक्रिया नहीं हुई। चिन्तातुर शर्मा जी ने पड़ोसियों को बुलवाया। कोई हल निकलता न देख उन्होने पास ही पुलिस चौकी की शरण ली। पुलिस ने मौके पर पहुँचकर दरवाजा तुड़वाया। अंदर की हालत देखकर सभी सन्न रह गए। बिस्तर पर एक तरफ सुधीर निढाल पड़े थे। दूसरी तरफ असहाय लेटी पड़ी सुप्रिया बस

एकटक उनकी ओर देखते हुए आँसू बहा रही थी। सब लोग यह देख हक्के-बक्के रह गए।

क्या करें कुछ सूझ नहीं रहा था। किसे बुलाएँ, इसी बीच किसी ने बेटे को इत्तला करने को कहा। बड़ी मुश्किल से नंबर तलाशकर बेटे-बहू से संपर्क साधा गया। पता चला वह तो विदेश में है। इसलिए अंतिम संस्कार के लिए उनका आ-पाना संभव नहीं था। सुधीर के ही दूर के रिश्ते के भतीजे के हाथों उसका अंतिम संस्कार करवाया गया।

श्मशान घाट पर पूरा मोहल्ला जमा था। हर जुबान पर यही चर्चा। कई पड़ोसी तो ऐसे थे उन्हें सुप्रिया के अपाहिज होने की जानकारी तो दूर उससे उनका परिचय तक न था। सुधीर को जरूर कभी-कभार उन्होंने आते-जाते देखा था। आज पहली बार आस-पड़ोस के लोग एक साथ इकट्ठा थे। कुछ सुप्रिया के भविष्य को लेकर चिंता जता रहे थे, तो कुछ उनके बेटे अनंत को कोस रहे थे। कई बुजुर्गों की अपनी व्यथा-कथा भी कुछ इसी तरह की थी। वह कोस रहे थे-

-क्या फायदा ऐसी सन्तान का, जो माँ-बाप के काम ही न आए। ऐसे कृतघ्न बच्चों से तो बेऔलाद ही अच्छे।

शर्मा जी भी इसी जमात में शामिल थे। वह गौर से सबकी बातें सुने जा रहे थे। उन्हें बरबस ही अपने पुत्र का आग्रह याद हो आया, जो उनकी बढ़ती उम्र और खराब स्वास्थ्य के कारण उन्हें अकेले नहीं रहने देना चाहता था। पर वो थे कि बेटे-बहू के पास जाना ही नहीं चाहते थे। पर उन्हें आज लग रहा था कि जैसे ये लोग उनके बेटे को भी कठघरे में खड़ा कर रहे हैं।

मन बेचैन हो उठा। उनकी जिद का खमियाजा बेटा क्यों भोगे। मन पक्का कर लिया कि अब घर जाते ही पत्नी को कहूँगा कि चलो बेटे के साथ।

घर पहुँचते ही उन्होंने पहले बेटे को अपने आने की सूचना दी और फिर पत्नी से सामान पैक कर लेने को कहा। बोले–

कसर हम बुजुर्गों में भी है। दोष हम सारा बच्चों पर मढ़ देते हैं, पर अपनी कमी नहीं देखते। ये भी नहीं सोचते वह क्या चाहते हैं। उनकी क्या मजबूरी है। बस अपनी ही जिद पर अड़े रहते हैं हम। आखिर दो पीढ़ियों में कुछ तो अंतर होगा ही। तो क्यों न तालमेल बिठाकर हम इसे संवेदना, स्नेह व समर्पण के सेतु से जोड़कर पाटने की पहल करें। मिलकर ऐसी जुगत करें कि 'जग की रीत' के जुमले तले फिर आगे, सिसक कर दम न तोड़ जाएँ ये आत्मीय रिश्ते।

अंधेर

कभी सभ्यता-संवेदना के पर्याय रहे हमारे नगर-महानगर आज कितने रसातल में जा पहुँचे हैं। हम छोटे से सुख और छोटे-छोटे स्वार्थों के लिए कितने घिनौनेपन पर उतर आए हैं। हमारी मानवता, संवेदना कितनी जड़ हो गई है। इन तमाम सवालों को समेटे, एक ऐसे ही महत्त्वपूर्ण केस की अदालत में सुनवाई चल रही थी। कोर्ट खचाखच भरा था। मामला मानवाधिकार को लेकर था। बड़ी सी कुर्सी पर बैठे माननीय न्यायाधीश महोदय, गंभीरता से बहस सुन रहे थे।

—जज साहब! ये तो मानवाधिकारों का खुल्लमखुल्ला उल्लंघन है। बड़े से बड़े अपराधी को भी अपनी बात कहने का मौका दिया जाता है और इन पर तो अभी अपराध सिद्ध भी नहीं

हुआ था कि पुलिसिया करतूतों के चलते उनकी जान चली गई।

अपनी दलील को पुख्ता करते हुए वकील साहब ने बतौर सबूत कई गवाह भी पेश किये। ताकि यह बात साबित हो सके कि पुलिस ने फर्जी मुठभेड़ दिखाकर इन युवकों की जान ले ली।

जोश में आए वकील साहब ने इसके बाद पुलिस की जमकर फजीहत की। जितने भी विशेषणों से वह नवाज सकते थे, उसमें उन्होंने कोई कसर नहीं छोड़ी।

जज साहब ने उस दिन की कार्यवाही वहीं समाप्त कर दी और अगली सुनवाई की तिथि निर्धारित कर दी। जज साहब के उठते ही कोर्ट खाली हो गया।

सुनयना भी वहीं बैठी थी। भीड़ निकल जाने के बाद वह पास ही कुर्सी से उठ खड़ी हुई और बड़ी बहन नलिनी का हाथ थामकर कक्ष से बाहर निकल आई। उसने आँखों में गहरा काला चश्मा चढ़ा रखा था। पर चेहरा उसका बड़ा ही विद्रूप और डरावना लग रहा था। ठुड्डी से मांस का लोथड़ा न जाने कैसे नीचे लटक कर गले से चिपक गया था।

लोगों ने बताया, यह युवती कभी बेहद खूबसूरत थी। आँखें हिरनी सी सुंदर और जादुई। माँ-बाप ने इन्हीं आँखों पर रीझकर उसे नाम दे दिया–सुनयना। ज्यों-ज्यों वह बड़ी हुई, और निखरती चली गई। दिखने में वह जितनी सुन्दर थी उतनी ही पढ़ने में कुशाग्र भी। लेकिन इस चाँद से मुखड़े को जैसे नजर लग गई। लोग उसकी सुंदरता के कायल थे। कॉलेज से लेकर बाहर तक उसी के चर्चे रहते। हर कोई उससे दोस्ती गाँठने को लालायित रहता।

वह अपनी ही दुनिया में मस्त थी। इसी बीच उसे लगा कि उसका एक सीनियर जब तब उसके आस-पास मँडराता रहता और जब-तब फब्तियाँ कसता। शुरू-शुरू में तो सुनयना ने उसे

कुछ खास गंभीरता से नहीं लिया। लेकिन जब वह धीरे-धीरे अपने कुछ सिरफिरे आवारा किस्म के साथियों के साथ अक्सर उसके घर के बाहर खड़ा रहने लगा, तो उसने इसकी शिकायत अपने मम्मी-पापा से कर दी। घर में भी चिन्ता बढ़ गई। जवान बेटी को लेकर उनका चिंतित होना स्वाभाविक भी था।

तीन संतानों में सुनयना मँझली संतान थी। बड़ी बहन नलिनी कॉलेज की पढ़ाई पूरी कर एक स्थानीय स्कूल में अध्यापिका बन गई। छोटा भाई वरुण सुबह-सुबह ही स्कूल निकल जाया करता था। पिता सरकारी सेवा में थे और उन्हें भी सुबह जल्दी ही दफ्तर निकल जाना होता। सुनयना को कॉलेज छोड़ने वाला ऐसा कोई घर में नहीं था और यह फ़िर एक दिन की भी समस्या थी नहीं।

पिताजी ने मामले को ज्यादा गंभीरता से नहीं लिया। उनको लगा ये नादान लड़के हैं, नासमझी में शरारत करते ही हैं। थोड़ा डाँट डपटकर सहम जाएँगे। सोचा क्यों न स्कूल प्रिंसिपल से ही शिकायत कर उन्हें डपट दिया जाए। वह स्कूल जा धमके और अपनी परेशानी बताते हुए उन लड़कों की पेशी करवा दी।

उसके बाद कुछ दिन मामला शांत रहा, तो सुनयना भी बेफिक्र होकर पढ़ाई में व्यस्त हो गई। इस पर घर में सभी ने राहत की साँस ली। लेकिन किसे मालूम था कि यह किसी आने वाले तूफान से पहले की शान्ति थी। कुछ ही दिन बाद एक ऐसी काली साँझ आई, जिसने सुनयना की जिंदगी ही नरक बना दी।

उस दिन कॉलेज के बाद सुनयना अपनी सहेली के घर कुछ नोट्स लेने गई थी। लौटते हुए थोड़ी देर हो गई। शाम का धुँधलका छाने लगा था। बस स्टाप पर इक्का-दुक्का लोग ही खड़े थे। सुनयना भी अपनी सहेली के साथ खड़ी बस के आने की प्रतीक्षा कर रही थी।

इतने में धड़धड़ाती एक ही मोटरसाइकिल पर सवार तीन युवक आ धमके और उन दोनों के ठीक सामने आकर रुक गए। वह कुछ सँभल पाती, इतने में ही वह उससे छीना झपटी करने लगे। लड़के नहीं माने, तो उन्होंने चिल्लाना शुरू कर दिया। इस पर वह सिरफिरे युवक मारपीट पर आमादा हो गए।

भीड़ जुटती देख उनमें से एक युवक ने जेब से शीशी निकाली और उसका ढक्कन खोलकर पूरी शीशी सुनयना के चेहरे पर उँड़ेल दी। आस पास मौजूद लोग कुछ समझ पाते, उससे पहले ही वे शरारती युवक बाइक पर सवार होकर भाग खड़े हुए। सुनयना यकायक दर्द से कराह उठी। ऐसा लगा मानो किसी ने कोई उबलती हुई चीज उस पर उँड़ेल दी हो। सुनयना को अपना चेहरा पिघलता हुआ सा प्रतीत हुआ।

'बहुत घमण्ड है न तुझे अपने चेहरे पर, तो ये ले।'

बस इतना ही सुन पाई सुनयना और उसके बाद क्या हुआ, सुनयना को कुछ भी याद नहीं।

होश आया तो वह अस्पताल में थी। चेहरे पर भारी जलन हो रही थी। मानो उसे किसी तपती भट्ठी में झोंक दिया गया हो। चारों तरफ घना अन्धकार था। आसपास खड़े लोगों को वह बातचीत से ही पहचान पा रही थी।

लोग बतिया रहे थे कि उन सिरफिरे लड़कों ने उस पर तेजाब उँड़ेला था। इस हरकत में वह युवक भी सम्मिलित था, जो अक्सर उसे परेशान किया करता था। तेजाब से जलकर पूरा चेहरा कुरूप हो गया था। डॉक्टर कह रहे थे, आँखें भी जा सकती हैं।

'नहींऽऽऽ' सुनयना की चीख से पूरे अस्पताल में सन्नाटा छा गया। वह बुरी तरह से छटपटा रही थी। कई दिनों तक वह ऐसे ही छटपटाती रही और फिर बेसुध हो जाती। थोड़ी हालत सुधरी तो पता चला कि घटना के दिन आस-पास मौजूद लोगों

की सक्रियता से वे तीनों बदमाश पकड़ लिए गए। जिन्हें पुलिस के हवाले कर दिया गया था।

बाद में पुलिस ने खुलासा किया कि इन शातिरों ने पुलिस हिरासत से भागने का प्रयास किया, तो उन्हें रुकने की चेतावनी दी गई। नहीं माने, तो मजबूरन गोली चलानी पड़ी। इस आपाधापी में चली गोलियों से जख्मी तीन में से दो युवकों ने घटनास्थल पर ही दम तोड़ दिया।

बस फिर क्या था, अगले ही दिन से शहर में मानवाधिकार की दुहाई देने वालों के जुलूस-प्रदर्शन शुरू हो गये। पुलिस की कार्रवाई को लेकर उनमें भारी रोष था। धीरे-धीरे लोग भी लामबंद होने लगे। दलीलें दी जाने लगीं कि वे भले ही कितने ही बड़े बदमाश क्यों न थे, उन्हें अपने बचाव में सफाई का अवसर दिये बगैर ही मौत की नींद सुला देना तो खुली अराजकता है।

मामले के इस नये मोड़ से इधर सुनयना पर क्या बीत रही थी ये तो सिर्फ वही महसूस कर सकती थी या फिर उसके घर परिवार के लोग।

उधर कुछ समय बाद जब सुनयना के चेहरे की पट्टी खुली तो वही हुआ जिसका अंदेशा था। उसकी दोनों आँखों की रोशनी जा चुकी थी और चेहरा इतना वीभत्स हो गया था कि कोई पहचान भी नहीं पा रहा था कि यह वही सुनयना है।

उसके माता-पिता का तो और भी बुरा हाल था। माँ की आँखों से आँसू थमने का नाम न ले रहे थे। ऊपर से पुलिस की पूछताछ। उसके कई सवाल तो इतने तल्ख और बेहूदे होते कि उनके दुःख भरे मन को और छलनी कर जाते।

'आपकी बेटी कब से जानती थी उस लड़के को? क्या सम्बन्ध था उसका उन युवकों से?' जैसे कई बेसिर-पैर के सवाल उन्हें और विचलित कर देते।

लेकिन सुनयना को इस हादसे ने और भी मजबूत बना दिया। तन और मन दोनों की पीड़ा सहते हुए वह जिस संयम से सारे सवालों का जवाब देती, लोग देखते ही रह जाते।

कुछ महीनों बाद सुनयना अस्पताल से घर वापस आ गई। धीरे-धीरे चेहरे के घाव तो भरने लगे, लेकिन मन के घाव भरना नामुमकिन था। वह बार-बार अपने चेहरे पर हाथ फेरकर घावों की टोह लिया करती। कभी अपनी बहन तो कभी मम्मी से पूछती। वे सकपका कर रह जातीं। फिर उसका मन रखने को कह देती, जल्द ही वह ठीक हो जाएगी। पर मन ही मन सोचते, वह अगर खुद ही अपना यह वीभत्स चेहरा देख लेती, तो क्या बर्दाश्त कर पाती। फिर खुद को समझाते, शायद इसीलिए ईश्वर ने उसकी आँखें छीन ली होंगी।

सुनयना कुछ और ठीक हुई, तो उसने ब्रेल लिपि सीखना आरम्भ कर अपनी पढ़ाई आगे जारी रखने की ठानी। क्या हुआ अगर उसका तन कुरूप हो भी गया तो उसके मन और दिमाग को तो कोई कुरूप नहीं कर सकता।

पढ़ाई से उसे कुछ और मानसिक बल मिला, तो उसने धीरे-धीरे न्यायालय की कार्रवाई में भी जाना शुरू कर दिया। वह चुपचाप बैठकर पूरी तन्मयता से कार्रवाई सुनती और यह भी महसूस करती कि कैसे वकील और मानवाधिकार संगठनों से जुड़े लोग पुलिस के हाथों मारे गए इन युवकों को महिमामण्डित कर रहे हैं। उसको लगता, इनका वश चले तो ये लोग उन्हें शहीद का ही दर्जा दिलवा दें।

आज सुनयना सुबह ही उठकर तैयार हो गई थी। आज न्यायालय में माननीय जज साहब के सामने उसकी गवाही होनी थी। उसके मम्मी पापा दोनों सहमे हुए से थे। हालाँकि उन्हें विश्वास था कि दृढ़ संकल्प व शान्त मन की सुनयना सारे

हालातों पर पूरे हौसले से पार पा लेगी, लेकिन फिर भी उन्हें डर लग रहा था कि कहीं विपक्ष का वकील कोई ऐसे सवाल न कर दे जिससे वह आहत हो उठे।

नियत समय पर अदालत की कार्रवाई आरम्भ हुई। दोनों ओर से सवाल-जवाब हुए। वकील सवाल पूछ चुके तो सुनयना ने जज साहब से अपनी बात कहने का अनुरोध किया। उन्होंने सहर्ष उसे मंजूरी दे दी।

सुनयना ने सबसे पहले मानवाधिकार संगठन से जुड़े लोगों को उनकी सक्रियता के लिए धन्यवाद दिया। फिर अपनी प्रतिक्रिया व्यक्त की। अपराधियों से पुलिस द्वारा खुद ही निपट लिए जाने पर उसने जहाँ अफसोस जाहिर किया, वहीं अपने दिल का गुबार निकालते हुए अपनी व्यथा भी जाहिर कर दी।

उपस्थित लोगों से उसका सवाल था–

'क्या मानवाधिकार संगठन सिर्फ मृत व्यक्तियों के लिए ही हैं! क्या मेरे मौलिक अधिकारों का उल्लंघन नहीं हुआ है, क्या हक था उन्हें मेरी आँखें छीन लेने का और मेरा चेहरा कुरूप कर डालने का! जो व्यक्ति इस दुनिया से चला गया, उसे तो जीवन से छुटकारा मिल गया, लेकिन मुझे तो जीना है। इन्हीं हालात में जीना है। यह कितना दुष्कर और दुरूह है, इसे कोई समझ पाएगा! मुठभेड़ को लेकर हायतौबा मचाने वाले और मानवाधिकारों की दुहाई देने वालों को क्या यह नहीं दिखता कि मेरे भी तो अधिकारों का हनन हुआ है। क्यों किसी एक भी व्यक्ति के मन में मेरे अधिकारों के हनन की बात नहीं आई! आप सब धैर्यपूर्वक मेरे प्रश्नों को समझियेगा और सोचियेगा क्या में कहीं गलत हूँ।'

फिर एक गहरी साँस लेकर उसने अपने विचार रखने की अनुमति देने के लिए जज साहब का शुक्रिया अदा किया और हाथ में पकड़ी छड़ी का सहारा लेकर वह धीरे-धीरे कठघरे से

बाहर निकल आई।

पूरे हाल में सन्नाटा पसर गया। सिर्फ सुनयना की छड़ी की आवाज ही उस सन्नाटे को तोड़ रही थी।

सुनयना के ये सवाल सिर्फ उसकी पीड़ा से ही जुड़े नहीं थे, बल्कि समाज में मची अंधेरगर्दी पर करारी चोट भी थे।

हत्यारे

किस्मत के खेल भी बड़े निराले हैं ये कभी छप्पर फाड़कर खुशियों की बरसात कर देते, तो कभी खुशियों की चुनिंदा कलियाँ भी रौंद जाते। रास्ते भर किसनू अपनी इसी तकदीर के खेल को कोसे जा रहा था। चारों तरफ घुप अँधेरा था। शहर से कोसों दूर सरकारी फैक्ट्री की बत्तियाँ तारों सी टिमटिमाती लग रही थीं। जैसे-जैसे समय बीत रहा था उसके दिल की धड़कनें बढ़ती जा रही थीं। कहीं देर न हो जाए, यही बात उसे रह-रहकर कचोटती रहती। मन ही मन वह अपने से सवाल भी करता कि क्या ईश्वर उसकी सुनेगा।

टैक्सी फैक्ट्री के गेट पर रुकी तो किसनू तुरन्त नीचे उतर आया। इतना बड़ा गेट देखकर उसकी हिम्मत पहले ही जवाब दे

गई। द्वार पर बड़ी-बड़ी मूँछों वाला एक हृष्ट-पुष्ट सन्तरी बैठा था। गरीब अनपढ़, किसनू बात करना तो जानता नहीं था। इसलिए अपने साथ थोड़ा-बहुत पढ़े-लिखे छोटे भाई किशोर को भी ले आया था।

—नमस्कार, हमें डॉक्टर साहब से मिलना है। किशोर ने डरते-डरते सन्तरी से गुहार की।

—काहे, सुरती मल रहे कड़क सन्तरी ने रुखाई भरे लहजे में पूछा।

—जी दवाई लेनी है। वह बोला।

—दवाई! और इस बखत! देख रहे हो टेम क्या हो गया। तुम्हारे लिए अलग से खुलेगा क्या अस्पताल! जाइये, कल आइएगा।'

सन्तरी के तीखे व्यंग्य वाण सुन किशोर ने चुप्पी साध ली।

लाचार किसनू के लिए यह जीवन-मरण का सवाल था। गिड़गिड़ाते हुए उसने सन्तरी के पैर पकड़ लिए। बोला-बड़ी उम्मीद से आए हैं साब। बिटिया मर जाएगी। उसने अपनी सारी विपदा उसे सुना दी।

तमाम टोटके, पूजा-पाठ, मान-मनौती कर किसी तरह शादी के दस साल बाद नसीब हुई थी उसे यह बिटिया। गद्‌गद पति-पत्नी ने बड़े प्यार से नाम रखा लक्ष्मी। बड़ी प्यारी थी वो। जैसे-जैसे बड़ी होते गई, घर भर की दुलारी बन गई।

घर में सब लोग उसका बड़ा खयाल रखते। पर आज न मालूम कैसी चूक हो गई। उनकी लापरवाही से सुबह खेलते-खेलते छह वर्षीय लक्ष्मी ने चूरन की गोली समझ खेतों में डालने के लिए रखी चूहे मारने की गोली निगल ली। थोड़ी ही देर में उसकी हालत खराब होने लगी, तो सब घबरा गए। उन्हें समझ ही नही आया कि क्या हो गया। काफी कुछ कुरेदने पर बच्ची ने ही

बताया कि उसने फलां जगह रखी चूरन की गोली खा ली। सुनते ही घरवालों के होश उड़ गए। तुरन्त ही उसे शहर स्थित बड़े अस्पताल ले गए लेकिन इस दौड़भाग में काफी देरी हो गई। जिससे जहर उसके शरीर में फैलने लगा।

कुछ देर तक तो डॉक्टर हर सम्भव प्रयास करते रहे पर कोई सुधार होता न देख उन्होंने किसनू को एक इंजेक्शन लाने की सलाह दी, लेकिन वह आस-पास कहीं भी उपलब्ध नहीं था। डॉक्टर ने ही बताया कि ये इंजेक्शन उन्हें वहाँ से लगभग सौ किलोमीटर दूर एक सरकारी फैक्ट्री के बड़े अस्पताल में मिल सकता है। अगर वो किसी तरह ला सकता है तो लक्ष्मी की जान बच सकती है वरना भगवान ही मालिक है।

उन्हीं की सलाह पर वह भागा-भाग यहाँ आया था।

—मेरी लक्ष्मी मर जाएगी सन्तरी साब। डॉक्टर साब से मिलवा दो। किसनू सन्तरी के पैरों में लिपट पड़ा।

—अरे भाई! ये क्या कर रहे हो! कहते हुए सन्तरी पीछे हट गया। एक बाप की मार्मिक गुहार से पिघले सन्तरी ने अपनी मजबूरी बताई। बोला—भाई जी, मैं तो एक छोटा कर्मचारी हूँ। तुम्हें अंदर भेज दिया। तो मेरी छुट्टी तय है। और फिर तुम्हारा काम भी नहीं होगा।

किसनू की आँखों में आँसू देख वह और पिघल गया। उसने चुपके एक तरकीब बताई। बोला—शहर में एक समाजसेवी हैं, बहुत ही दयालु। उनसे मिलो। शायद कोई समाधान निकल आए।

किसनू टैक्सी में बैठ फिर दस किलोमीटर वापस शहर आ नरेश जी के घर पर पहुँचा। नरेश जी ने किसनू की पूरी बात तसल्ली से सुनी और फैक्ट्री के जी.एम. और प्रशासनिक अधिकारी से बात की, उन्होंने गेट पर खड़े सुरक्षा कर्मचारी को

ये सारी बातें समझा दी और डॉक्टर से मिलवाने का अनुरोध कर किसनू को वापस भेज दिया।

सुरक्षाकर्मी जैसे उसकी इन्तजार में ही बैठा था। उसने तुरंत ही उसे डॉक्टर के घर तक पहुँचा दिया। वहाँ और अफसर भी मौजूद थे। पर ये क्या! सहयोग के बजाय टालमटोली पर उतर आए फैक्ट्री अधिकारी बोले—प्रशासनिक अधिकारी की अनुमति वगैर जीवन रक्षा दवाई वह किसी को नहीं दे सकते।

डॉक्टर ने भी हाँ में हाँ मिलाई। बोला—मेरे पास इस दवाई की सिर्फ दो ही डोज है और वो भी फैक्ट्री कर्मचारियों के परिवार के लिए है। किसी बाहर वाले को बिना अनुमति के यह नहीं दी जा सकती।

उधर किसनू की बेचैनी बढ़ती जा रही थी। रह रहकर बेटी का चेहरा उसकी आँखों के आगे घूमने लगता। उसको याद हो आया कैसे उसकी पत्नी बेटी की हालत देख पछाड़ खाकर गिर पड़ी थी। बड़ी उम्मीद से वह यहाँ आया था। पर जैसे-जैसे समय बीतता जा रहा था किसनू के सब्र का बांध टूटता जा रहा था।

उग्र स्वभाव का किशोर बीच में कुछ कहने की कोशिश करता तो किसनू उसे रोक लेता। किसनू कभी डॉक्टर का हाथ जोड़ता तो कभी अन्य अधिकारियों का।

उधर समाजसेवी नरेश जी भी इस बीच दो-तीन बार अधिकारियों से दवा उपलब्ध कराने हेतु प्रार्थना कर चुके थे। किसनू बार-बार अधिकारियों के चेहरे के भाव पढ़ने की कोशिश करता। कहीं वह उनकी बातें समझ न ले, शातिर अधिकारी अंग्रेजी में बतियाये जा रहे थे। उनकी इसी टाल-मटोली के चलते रात साढ़े ग्यारह बज चुके थे। किसनू की प्रतीक्षा की घड़ियाँ लम्बी होती जा रही थीं। अन्ततः अपने नियमों की दुहाई दे डॉक्टर

ने दवाई देने से साफ इनकार कर दिया।

किसनू की पाँव तले जमीन खिसक गई। वह सन्न रह गया, उसके पैर जड़ हो गए और आँखों से अविरल अश्रुधार बह निकली।

इतनी देर बड़े भाई की वजह से चुप बैठे किशोर का धैर्य चुक गया। वह आपा खो बैठा। दौड़ कर उसने अन्दर जाते डॉक्टर का गला पकड़ लिया। डॉक्टर के हल्ला मचाने पर दो-तीन लोगों ने किसी तरह उसे छुड़वाया और पुलिस बुला लाने की धमकी दी।

जो सुरक्षा कर्मचारी किसनू को अन्दर लेकर आया था वही उन दोनों को किसी तरह बाहर ला टैक्सी में बिठा गया।

रात के दो बजे किसनू अस्पताल पहुँचा तो उसका चेहरा देख लोग खुद ही समझ गए कि दवा नहीं मिल पाई। एक-एक पल घण्टों की तरह गुजार चुके लोगों की आशा निराशा में बदल गई।

किसनू और उसके पूरे परिवार की वो बाकी रात आँखों ही आँखों में कट गई। किसी को न नींद आ रही थी न कोई आपस में बात कर रहा था। बस सब लोग मन ही मन ईश्वर से लक्ष्मी की जिन्दगी की भीख माँग रहे थे।

उधर किसनू के जाने के बाद फैक्ट्री में फिर वही चुहलबाजी शुरू हो गई। उसकी पीड़ा से किसी को कोई सरोकार नहीं था। उल्टा वो उस पर लानत-मलानत भेजने लगे। बोले- पल्ला छूटा। न जाने कहाँ से आ जाते हैं समय खराब करने, ऊपर से यह समाजसेवी नरेश जी नियम तो जानते नहीं बस एक ही रट लगाए रहते कि भई, काम कर दो। इतने ही बड़े समाजसेवी हैं तो खुद कर दें न। इधर-उधर से काम कराकर मुफ्त की वाह-वाही लूटने में लगे रहते हैं। बस कुछ देर इसी तरह

हँसी-ठिठोली कर वे अपने-अपने कमरों की ओर चल दिए।

इधर सुबह होते ही किसनू की जिन्दगी फिर बेरंग हो गई। उसकी लक्ष्मी मौत से हार गई, नियम-कानूनों के इन ठेकेदारों की संवेदनहीनता उसकी बिटिया को लील गई। न मालूम कितने ऐसे किसनू ऐसी ही उम्मीद लिए आए होंगे और टूटकर चले गए होंगे। पर इन मक्कारों की पेशानी पर न बल पड़े, न उनकी कानों में जूं रेंगी। ढीठपना मानो उनकी फितरत ही बन गई थी। यही नहीं अगले दिन इन लोगों ने मिलकर उस सुरक्षाकर्मी को भी बलि का बकरा बना दिया जो किसनू को फैक्ट्री के अंदर लाया था। उसे ड्यूटी में कोताही के जुर्म में निलंबित कर दिया गया।

समय बीतता गया। पर यहाँ की मक्कारियाँ जस की तस बनी हुई हैं। लोग मरे-खपें, उनकी बला से। बस उनका उल्लू सीधा होता रहे। वह नियमों की दुहाई देकर मस्त थे। संवेदनाओं से उन्हें कोई सरोकार नहीं।

हद तो तब हो गई जब मरीजों के मसीहा का लबादा ओढ़े फैक्ट्री के डॉक्टर ने उच्च अधिकारियों से जीवन-रक्षक दवा की मियाद खत्म हो जाने के कारण उसे नष्ट करने व नई दवा खरीदने की हाल ही अनुमति माँगी है। जी.एम. साहब गद्‌गद हैं अपने इस डॉक्टर की पहल से, कि उसने समय रहते एक्सपायरी डेट की दवाएँ नष्ट कर उन्हें उनके दुरूपयोग से बचा लिया। पर उनसे कौन पूछे कि ये जीवनरक्षक दवाएँ जरूरतमंदों तक क्यों नहीं पहुँची! कैसे इतने समय तक धरी रह गई कि उनकी मियाद ही खत्म हो गई और आज उन्हें इस तरह नष्ट करने की जरूरत पड़ रही है। क्या ये उनकी मौत के जिम्मेदार नहीं हैं जिनकी इन दवाओं के अभाव में जान चली गई। काश! ये दवाएँ भी बँट गई होती तो शायद लक्ष्मी जैसे तमाम जीवन बचाएँ जा सकते थे।

भिखारिन

मंदिर में पंक्तिबद्ध बैठे भिखारियों में से एक वृद्धा भिखारिन पर शिवप्रसाद की नजर बार-बार चली जाती। आगे बढ़ने के बाद भी उसे बार-बार पीछे मुड़ के देखते देख पत्नी ने पूछ ही लिया–

–क्या देख रहे हैं, कोई व्यापार वाला मिल गया क्या यहाँ भी!

पत्नी का खींझ भरा सवाल सुन शिवप्रसाद ने सकपकाते हुए ना में सर हिलाया और तेजी से आगे बढ़ गया। गाँव से कभी रोजगार की तलाश में आए शिवप्रसाद ने एक व्यापारी के यहाँ से रोजी-रोटी की शुरुआत की थी और आज वह खुद एक बड़ा व्यवसायी था। बहुत दिनों से पत्नी मथुरा, वृन्दावन जाने को कह रही थी लेकिन व्यवसाय की व्यस्तता के कारण निकलना ही नहीं हो पा रहा था।

पत्नी को शिकायत थी कि पति पैसा कमाने में इतने व्यस्त हो चले हैं कि पूजा-पाठ व धरम-करम के लिए भी अब उनके पास समय नहीं रहा। उसकी यही शिकायत दूर करने शिवप्रसाद उसे लेकर यहाँ मथुरा, वृन्दावन चला आया था।

लेकिन आज वृन्दावन के मंदिर में उस वृद्धा भिखारिन का चेहरा न जाने क्यों उसे अन्दर तक झकझोर गया। मैली-कुचैली, जगह-जगह पैबंद लगी धोती से स्वयं को ढके वह वृद्धा उसे न जाने क्यों जानी-पहचानी सी लगी।

पत्नी को धर्मशाला में छोड़ किसी काम के बहाने शिवप्रसाद पुनः उस मंदिर में जा पहुँचा। सांझ ढलने को थी और मंदिर दूधियाँ रोशनी से नहा उठा था। मंदिर-मूर्तियों को निहारने के बजाय उसकी आँखें उस भिखारिन को भी तलाश रही थीं। काफी देर इधर-उधर नजरें दौड़ाने के बाद अंततः वह उसे मंदिर के कोने में सीढ़ियों पर बैठी दिख गई।

शिव उधर भागा और बगल में जाकर बैठ गया। क्या पूछे! वृन्दावन की ही कुछ जगहों की तहकीकात के बावत उसने उस वृद्धा से बात शुरू की तो वह चौंक उठा। वहीं सरलता, वही लहजा और बातचीत में वही मिठास। अचानक उसके मुँह से निकला-

-मालकिन आप! यहाँ कैसे?

-मालकिन! वृद्धा मुँह के अन्दर बड़बड़ाई। बेटा शायद तुम पहचानने में भूल कर रहे हो।

-नहीं मालकिन, मैं कोई भूल नहीं कर रहा। उसकी आँखें नम हो आई। आखिर भूल भी कैसे सकता हूँ उस मालकिन को, जो उसकी माँ समान थी, और गाँव से आने के बाद यहाँ वहीं मेरी अन्नदात्री थी।

उसे याद हो आया वह सोलह वर्ष का शिव जो गाँव की

गरीबी से तंग आकर रोजी-रोटी की तलाश में शहर भाग आया था। दिन भर भटकते-भटकते भूख से बेहाल वह रात होने पर एक चबूतरे पर सो गया। सुबह सामने ही एक मंदिर की घण्टी से नींद खुली तो देखा एक दम्पत्ति बड़े गौर से उसे देख रहे हैं। उसे जगा हुआ देख महिला ने आगे बढ़कर पूछा -

—बेटा यहाँ क्यों सोए हो। शिव ने पूरी राम कहानी सुना दी।

—हमारी दुकान में काम करोगे! इस बार पूछने वाला उसका आदमी था।

अंधे को क्या चाहिए दो आँखें। शिव ने हामी भरी और उनके साथ ही हो लिया। बस यहीं से शुरू हुआ शिवप्रसाद का सफर।

दरअसल जिस दम्पत्ति की निगाह सोते हुए शिव पर पड़ी थी वे इस शहर के प्रमुख व्यवसायी रतन सेठ थे। कपड़े और अनाज की बहुत बड़ी आढ़त थी उनकी। उनके साथ रहकर शिव ने व्यवसाय की बारहखड़ी सीखी। पति-पत्नी दोनों ही सरल प्रवत्ति के धर्मपरायण इन्सान थे। एक ही बेटी थी उनकी शिवानी। घर में कई नौकर चाकर थे, लेकिन शिव को उन्होंने कभी नौकर नहीं समझा, अपने बच्चे की तरह ही स्नेह दिया।

खाना-कपड़ा सब घर से मिलता लेकिन जब तक शिव उनके पास रहता जेब-खर्च के अलावा एक पैसा न देते। हाँ उसके गाँव जाते वक्त वे घर के लिए ढेर सारा सामान और पैसे दे दिया करते। कुछ ही समय में शिव ने घर में सभी का दिल जीत लिया था। मालिक उस पर सबसे ज्यादा भरोसा करते। लगभग दस वर्ष तक शिव रतन सेठ की आढ़त पर ही काम करता रहा।

इन दस वर्षों में उसने अपनी बहिन के विवाह से लेकर छोटे भाइयों की पढ़ाई का पूरा खर्च उठाया था। गाँव का मकान भी पक्का करवा दिया। गदगद माता-पिता भी गाँवभर में सेठ-सेठानी के ही गुण गाते नहीं थकते। लड़के की कमाई का

अब ठीक-ठाक ठिया देख माँ-बाप उसके लिए लड़की की तलाश में जुट गए।

पर अचानक हालातों ने ऐसा मोड़ लिया कि शिव को सब छोड़-छाड़कर गाँव वापस आना पड़ा। पिता की अचानक मौत ने उसे झकझोर कर रख दिया। घर और माँ को देखने वाला कोई था नहीं। तो वह यहीं रुक गया।

इधर सेठ-सेठानी भी शिव के वापस चले जाने से विचलित हो गए। उन्हें लगा मानो परिवार का ही कोई सदस्य घर से चला गया हो। वापस जाते समय सेठ जी ने शिव के ना करते-करते भी इतने पैसे हाथ में रख दिये थे कि वह गाँव में छोटा-मोटा कोई धंधा चला सके।

धीरे-धीरे शिव घर-गृहस्थी और रोजी-रोटी में ऐसा उलझा कि सेठजी से मिलना कम होता गया। इस बीच उसका विवाह भी हो गया। घर-बाहर दोनों की जिम्मेदारी आ पड़ी थी अब उसके ऊपर। इसलिए और भी व्यस्त हो गया। बाद में पता चला सेठ जी की बिटिया शिवानी की भी शादी हो गई और कुछ समय बाद वह अपने पति के साथ अमेरिका चली गई तो सेठ-सेठानी दोनों अकेले हो गए।

इस बीच शिव को खबर मिली की सेठजी को लकवा मार गया है। उनका इलाज चल रहा था लेकिन व्यापार में लगातार घाटे के सदमे से वह उबर नहीं पा रहे थे। कोई देखने वाला था नहीं। जो कर्मचारी थे भी वह अपनी मनमानी करते। जमा पूंजी इलाज में खर्च होती जा रही थी।

शिव जब भी शहर जाता उनसे मिलने अवश्य जाता। सेठजी अपाहिज हो बिस्तर पर पड़े थे और सेठानी उनकी चिन्ता में घुटी जाती।

धीरे-धीरे व्यापार बन्द होने के कगार पर आ गया। एक तो

बीमारी, ऊपर से व्यापार चौपट हो जाने के सदमे से उनकी मौत हो गई।

खबर मिलते ही शिव भागा-भागा आया। उधर शिवानी भी यह दुखद समाचार सुन वहाँ आ पहुँची। एक-दो दिन वहाँ रखकर शिव वापस चला आया। उसे लगता कि मालकिन तो शायद अब सब यहीं छोड़कर शिवानी के साथ चली जाएगीं। वैसे भी व्यापार अब नाम मात्र का ही रह गया था। उसके बाद शिव का महीनों तक वहाँ जाना नहीं हो पाया। उसका काम भी अब बढ़ने लगा था और कई शहरों में फैल गया था।

दो-तीन वर्षों बाद शिव शहर आया तो उसके कदम स्वतः ही अपने पुराने ठौर की ओर मुड़ गए। वहाँ जाकर पता चला कि सेठजी के मकान पर तो अब उनके चचेरे भाई के बच्चों का कब्जा है और सेठानी के बारे में किसी को पता नहीं था कि वो कहाँ गई।

आज इतने बरसों बाद मालकिन यहाँ, और वह भी इस हालत में! शिव सोच में पड़ गया कि आखिर ऐसा क्या हुआ कि नौबत यहाँ तक आ पड़ी है। वह बेचैन हो उठा। बोला-

-मालकिन, आप मेरी माँ समान हैं, आपको पहचानने में मैं भूल नहीं कर सकता। आपको मुझे बताना होगा कि आखिर ऐसा क्या हुआ जो आज आप इस हालत में पहुँच गई हैं। हालात जानने को उत्सुक शिव सीढ़ियों पर बैठी सेठानी के पैरों के पास बैठ गया।

-किस बात की मालकिन बेटा। अब तो भगवान के सहारे जी रही हूँ। जितना समय निकल जाए वही अच्छा। इसके बाद तो उन्होंने अपनी पूरी कहानी शिव को सुना दी। बोली-

-पिता की तेरहवीं के बाद वापस आकर मुझे ले जाने का वायदा कर शिवानी जो गई फिर उसने वापस मुड़ कर नहीं देखा।

महीनों तक उसका इंतजार करती रही पर न वह आई न कोई संदेश। सेठजी के चचेरे भाई की नजर शुरू से ही हमारी जायदाद पर थी। जब देखा कोई पूछने वाला नहीं तो मुझे सहारा देने के नाम पर अपने बच्चों को वहीं भेज दिया। इसी बीच सीढ़ियों से गिरकर उसकी पाँव की हड्डी टूट गई तो हालत और बदत्तर हो गई। बीमारी के उन क्षणों में मुझसे कौन से कागजों पर दस्तखत करवाए गए, मुझे नहीं मालूम। अपने पैरों पर चलने लायक हुई तो वे ही बच्चे मुझे बनारस के किसी विधवा आश्रम में छोड़ आए और उसके बाद खबर तक न ली।

तब से यूँ ही भीख माँगकर जीवन काट रही हूँ। दो वर्ष पहले वहाँ से कुछ महिलाएँ वृन्दावन आईं तो मैं भी उनके साथ यहाँ आ गई। न जाने कौन से बुरे कर्म किये होंगे जो मौत भी नहीं आती। बिना फल भुगते तो नहीं जाऊँगी इस दुनिया से। और उन्होंने एक ठण्डी आह भरते हुए आकाश की ओर देखा, मानो ईश्वर से अपनी मौत माँग रही हो।

अपने ही खून के ये रंग देख शिव हतप्रभ रह गया। क्या ऐसी भी सन्तानें होती हैं, जो माँ-बाप की सुध न लें और ऐसे नाते-रिश्तेदार कि सब कुछ हड़प कर एक कोने में रहने को भी जगह न दें। दुनिया की इस हैवानियत पर उसे घोर ताज्जुब हुआ।

बातचीत में कब समय निकल गया पता ही न लगा। काफी देर हो चुकी थी। शिव धर्मशाला में पहुँचा तो पत्नी मुँह फुलाए बैठी थी, उसका नाराज होना लाजमी था। अजनबी शहर में पत्नी को अकेली धर्मशाला में छोड़कर पति घण्टों गायब हो जाएँ तो पत्नी गुस्साती ही।

दरवाजा खोल मुँह फेर कर दूसरी ओर खड़ी पत्नी की नाराजगी देख शिव ने खुद ही पहल की।

जानता हूँ बहुत नाराज होगी तुम। पर देखो तो कौन आया

है। देखोगी तो सारी नाराजगी दूर हो जाएगी।

पत्नी ने पलटकर देखा तो पति के साथ एक वृद्धा सिमटी सी खड़ी थी। मन ही मन सोचा, कौन होगी ये जिसे वह इतनी तवज्जो दे रहे हैं।

पत्नी को सोच में पड़ा देख शिव बोल पड़ा–

–ये माँ है। आज हम जो ये दो रोटी इज्जत से खाने की स्थिति में हैं, वो सब इन्हीं की बदौलत है। अब तो समझ गई ना।

–मालकिन! वह धीरे से बुदबुदाई। पर सेठानी जी का ये हाल! वह खुद भी चौंकी। उसकी सारी नाराजगी काफूर हो चली थी।

पर वह जैसे ही कुछ आगे पूछने जा रही थी, शिव ने बीच में ही टोक दिया–

–कल सुबह ही हम घर वापस चलेंगे, सारी बातें घर पहुँच कर। बच्चे भी दादी से मिल कर बहुत खुश होंगे और हमें माँ का आशीर्वाद मिल जाएगा।

साथ में खड़ी सेठानी की आँखों से आँसू बह रहे थे। उन्हें लग रहा था जैसे अब वो सही मायने में सेठानी बन गई हैं। इस दिली रिश्ते और इस निःस्वार्थ प्यार से बढ़कर दौलत क्या है। आज यह सब पाकर वह वाकई अमीर हो गई। पहले तो वो सेठानी होकर भी कंगाल थी।

पगली

अमूमन तो अस्पताल में रोज ही फँसे रहना होता। पर आज रात के दो बज चुके थे। शरीर बुरी तरह टूट रहा था। नींद के मारे आँखें खुद-ब-खुद बंद हुई जा रही थीं। रात दस बजे जैसे ही अस्पताल से निकलने लगी कुछ लोग एक पागल औरत को ले आए। वह गर्भवती थी और दर्द से बुरी तरह छटपटा रही थी। कपड़े अस्त-व्यस्त और चेहरा पीला पड़ा था। पुलिस को सूचित करना भी जरूरी था। दो घण्टे के अथक प्रयास के बाद हम बिना आपरेशन के माँ और बच्ची दोनों को बचाने में सफल हो गए।

पगली टुकुर-टुकुर अपनी नवजात बच्ची को देख रही थी। उसकी आँखों में ऐसा कुछ था जिसे स्नेह तो बिल्कुल नहीं कह सकते। पहली बार मेरा ध्यान उसके नैन-नक्श की ओर गया,

पगली सुन्दर नहीं लेकिन बदसूरत भी नहीं थी। बड़ी-बड़ी आँखें, साँवला रंग, थोड़ी मोटी सी नाक। लेकिन उसकी आँखों के भाव देख मुझे डर लगा, कहीं बेटी को ही न मार डाले। न जाने किसका पाप नौ माह तक पेट में ढोती फिरी। पगली है, या फिर बच्ची के लिए कोई ममता भी है उसमें, यह सोचते-सोचते मैं अस्पताल परिसर में ही स्थित घर कब पहुँच गई पता ही न चला। बाकी औपचारिकताएँ कल पूरी कर लूँगी। नर्स को पगली पर नजर रखने की हिदायत दे आई थी, कहीं कुछ कर न बैठे।

अगले दिन उसके बच्चे का पंजीकरण फार्म भरने लगी तो उससे नाम पूछ लिया। हालाँकि मैं जानती थी कि उससे कोई संतोषजनक जवाब नहीं मिलेगा।

कमला उसने जोर से कहा तो मुझे आश्चर्य हुआ। अपना नाम याद है इसे।

पति का नाम। मैं अगला कॉलम पढ़ रही थी। अंदेशा था इसका शायद जवाब नहीं होगा उसके पास, लेकिन पूछ लिया। तपाक से उसके जवाब ने मेरी यह गलत फहमी भी दूर कर दी।

एक हो तो बताऊँ साहब, जिसका नाम लिखाना हो जब उसी ने सड़क पर छोड़ दिया तो क्या बाकी रह गया। कहते-कहते उसकी आँखों से आँसू बहने लगे।

तो तुम पगली नहीं हो। यहाँ तो लोगों ने तुम्हें सड़क पर पड़ी पगली समझ कर ही भर्ती करवाया है। मैं कमला से उसकी आपबीती सुनना चाहती थी।

कमला के माता-पिता मजदूरी करने के लिए वर्षों पूर्व बिहार के एक छोटे से गाँव से यहाँ आ गए थे। जहाँ कहीं भी निर्माण कार्य होता वहीं झुग्गी बना कर रहने लगते। कमला के अलावा उनके दो बच्चे और थे। कमला भी कभी साथ में मजदूरी कर लेती तो कभी छोटे भाई-बहन को सँभाल लेती।

सोलह वर्ष की होते-होते माता-पिता ने उसका विवाह इसी

तरह गाँव से आये किशोर नामक व्यक्ति से कर दिया, जो उम्र में उससे दुगुना था। कमला एक झुग्गी से निकल कर दूसरी झुग्गी में आ गई।

किशोर वैसे तो अच्छा था लेकिन जब शराब पी लेता तो जरा सी बात पर आपे से बाहर हो जाता। ऐसे में कमला के साथ मार-पीट होना आम बात हो गई थी। कमला के पास इस सब को सहने के सिवा कोई चारा नहीं था।

तीन वर्षों में कमला दो बच्चों की माँ बन चुकी थी। किशोर ने भी झुग्गी बस्ती में अपनी एक झोंपड़ी बना ली थी। खानाबदोशी का जीवन अब समाप्त हो चुका था। कमला के माता-पिता भी अपने गाँव वापस लौट गए थे।

लेकिन पिछले कुछ दिनों से किशोर के स्वभाव में अजीब सा परिवर्तन आ गया था। जरा-जरा सी बात पर मार-पीट, देर रात तक घर से बाहर रहना और बच्चों के साथ भी रूखाई उसकी आदत में शुमार हो गए थे।

मैं कमला की कहानी बड़े ध्यान से सुन रही थी कि अचानक बच्ची के रोने की आवाज ने हमें चौंका दिया।

कमला, बच्ची को देखो, शायद उसे भूख लगी है।

मेरे यह कहने पर कमला ने अजीब सा मुँह बनाया, मर जाने दो डॉक्टर साहब इसको, लड़की है, कहाँ रहेगी मेरे साथ। मेरे जैसी किस्मत ही तो होनी है इसकी। और बेटी का सिर सहलाते हुए उसकी आँखों से आँसू बहने लगे।

जिस औरत को कल तक मैं पागल समझ रही थी, वो तो आम महिलाओं की तरह है। फिर लोग इसे पागल क्यों कह रहे थे। क्यों बनी रहती है ये पागल की तरह! ये प्रश्न अब भी मेरे मन में तैर रहे थे।

लेकिन तुम अब यहाँ इस हालत में कैसे और तुम्हारा पति।

वो कहाँ है इस समय। अपनी जिज्ञासा शान्त करने के लिए पूछ ही लिया था मैंने।

इतनी देर में माँ के आँचल की गरमाहट पा बच्ची सो गई थी। कमला ने अपनी आपबीती आगे सुनानी शुरू की।

एक दिन उसका पति एक दूसरी औरत को झुग्गी में ले आया और कमला से कहा कि अब से वो वहीं उनके साथ रहेगी। वह औरत चरित्र की अच्छी नहीं थी और किशोर पूरी तरह से उसके वश में था। अब तो कमला और उसके बच्चों के साथ दोनों मिलकर मारपीट करते। शाम को किशोर लौटता तो वह औरत उसके कान भरती और किशोर गुस्से से पागल हो जाता। फिर एक दिन उस औरत के बहकावे में आकर उसने कमला एवं दोनों बच्चों को आधी रात घर से बाहर कर दिया।

रात भर बच्चों को ले कमला घर के बाहर बैठी रही, इस उम्मीद में कि सुबह किशोर का गुस्सा शान्त होगा और वह वापस इस घर में रहने लगेगी। लेकिन ऐसा कुछ न हुआ। सुबह कमला को बाहर बैठे देख उसका गुस्सा फिर भड़क उठा और कमला के साथ-साथ दोनों बच्चों को भी मारने लगा। कोई भी माँ अपनी मार तो बर्दाश्त कर सकती है लेकिन उसके सामने ही उसके जिगर के टुकड़ों को निर्दयता से पीटा जाये यह बर्दाश्त नहीं कर सकती। इस तरह पिटाई से कहीं बच्चे मर-मरा ही न जाएँ, इस डर से वह घर ही छोड़ कर चल दी।

लेकिन जाए कहाँ! यहाँ तो उसका कोई नहीं था माँ-बाप का गाँव कहाँ है यह भी उसे मालूम न था। एक मन्दिर के निकट पहुँची और दोनों बच्चों को ले उसकी सीढ़ियों पर बैठ गई। आते-जाते लोगों ने भिखारिन समझ कुछ पैसे डाल दिये तो किसी ने खाने का सामान।

दिन तो गुजर गया लेकिन जब रात गहराई तो कमला को

डर लगने लगा। मन्दिर का मुख्य द्वार बन्द हो चुका था और उसी की चारदीवारी की दीवार से टेक लगाकर कमला ने सारी रात काट दी।

कुछ दिन ऐसे ही मन्दिर के सहारे बीत गए। एक रात वो उसी चारदीवारी से सिर टिका कर सो रही थी तो एक रौबदार आवाज से उसकी नींद खुल गई। सामने देखा तो एक पुलिसवाला डण्डा बजाकर उससे कुछ पूछ रहा था।

उसने कमला को वहाँ से जाने को कहा तो कमला गिड़गिड़ा दी। कहाँ जाएगी वह इस अंधेरी रात में। पुलिसवाले ने उसे समझाया कि इस तरह अकेले रहना ठीक नहीं। क्यों न वह ऐसी किसी जगह पर जाकर रहे जहाँ पर उसके जैसे ढेर सारे लोग रात बिताते हैं।

मन ही मन उसको धन्यवाद दे कमला अगले दिन दूसरे स्थान पर चली आई। वो एक बहुत बड़ा अस्पताल था, उसके जैसे बहुत सारे लोग वहाँ बैठे थे। मरीजों के तीमारदार उनके मरीजों के जल्दी ठीक होने की आस में कुछ न कुछ दे जाते। लेकिन शाम होते ही जब दो-तीन आदमियों ने उसे उसकी दिन भर की कमाई दिखाने को कहा, कमला की समझ में कुछ नहीं आया। उसने अपनी पोटली उनके आगे रख दी, वे उसमें से कुछ पैसे वापस कर शेष अपने साथ ले गए। धीरे-धीरे कमला को समझ में आया कि इस जगह भी माँगने का ये दण्ड तो उसे देना ही होगा।

इस जगह पर आए उसे अब एक सप्ताह होने को था। एक रात गहरी नींद में उसे अपने शरीर पर किसी के स्पर्श का एहसास हुआ। घबराकर आँखें खोलीं तो देखा एक व्यक्ति उस पर झुका हुआ था। उसके हाथ कमला के जिस्म पर थे। अँधेरे में कमला उसका चेहरा न देख पाई। लेकिन जैसे ही चिल्लाने को हुई उसने

अपना ताकतवर हाथ कमला के मुँह पर रख दिया और दूसरे हाथ में चाकू निकाल दिया। अब वो कमला को घसीट कर एक कोने में ले गया और कमला लुट गई।

और इस लुटने का फायदा ये हुआ कि कमला को अस्पताल से थोड़ी ही दूर एक झुग्गी रहने को मिल गई। अब रोज-रोज लुट जाना उसकी नियति बन गई थी। विरोध करने पर बच्चों को जान से मारने की धमकी मिलती। रात के अँधेरे में उस झुग्गी में कौन-कौन आता उसे स्वयं भी पता न चलता।

कमला गर्भवती हो गई थी। जब उसे छुपाना सम्भव नहीं रहा तो कमला को एक बार पुनः झुग्गी से फुटपाथ पर खदेड़ दिया गया। अब कमला उनके काम की न रही थी। अपने साथ हुए इस अत्याचार से कमला अब हिँसक हो गई थी। कभी अपने पति को गाली देती तो कभी बाकी लोगों को। सबको लगता कमला पगला गई है।

कमला चुप हो गई थी। चारों तरफ एक अंजीब सी शान्ति पसरी हुई थी। धीरे-धीरे कमला की सिसकियाँ उस खामोशी को तोड़ती।

मैं सोचने पर मजबूर थी। पागल कौन है। कमला या उसका पति या फिर वो समाज जिसने उसे इस स्थिति में लाकर छोड़ दिया। कमला लाचार थी। उसे पागल कहना बहुत आसान था लेकिन उसे पागल बनाने में जिनका हाथ था उन तक किसी की पहुँच नहीं थी।

धीरे-धीरे कमला की सिसकियों की आवाज कम हो गई थी। रात भर की पीड़ा से मुक्ति पा वह सो रही थी। मैं अपने विचारों में इतनी मग्न थी कि मुझे उसके सोने का पता ही न चला। नींद के आगोश में उसका चेहरा एक शिशु की भाँति निश्छल लग रहा था।

मैं उठकर अपने केबिन में चली आई। मन में कई प्रश्न उठ रहे थे। एकाएक मुझे कमला के बच्चों का ध्यान आया। इस सब में मैं ये पूछना तो भूल ही गई थी कि उसके दोनों बच्चे इस समय कहाँ हैं?

मैं लगभग दौड़ती हुई कमला के पास पहुँची और झकझोर कर उसे जगा दिया। कम से कम उसके बच्चे इस पागलपन तक न पहुँचें इतना तो कर ही सकती थी मैं।

अपराधी कौन

रोजमर्रा की तरह आज भी न्यायालय परिसर में अच्छी-खासी भीड़ थी। किसी का कोई मुकदमा तो किसी का कोई। काले कोट पहने वकील व्यस्त थे। कोई अदालत की ओर तेजी से फाइल लेकर दौड़ रहा था तो कोई अपने मुवक्किल से बात करने में व्यस्त।

एक तरफ पुलिस वाले कुछ कैदियों को न्यायालय में पेशी पर लाए थे। सभी अपने-अपने कार्य में लगे थे कि अचानक एक ओर से पटाखा सा फूटने की आवाज आई। और फिर वही आवाज लगातार चार-पाँच बार सुनाई दी, इसी बीच एक ओर से शोर उभरा–'गोली चल गई'।

चारों तरफ अफरा-तफरी का माहौल था, किसी को पता

नहीं क्या हो रहा है। जो जिस सुरक्षित जगह भाग सकता था, भागा। थोड़ी ही देर में चारों ओर सन्नाटा छा गया। सिर्फ पुलिस के जवानों के चलने की आवाज ही इस नीरवता को भंग करती। कुछ ही देर में खबर फैली कि न्यायालय परिसर में गोली चलने से एक व्यक्ति और एक पुलिसवाले की मौत हो गई है। भीड़ का फायदा उठा हमलावर भाग गए। लेकिन उन्हें पहचान लिया गया है और वे शीघ्र ही पकड़े जाएँगे।

शाम के समय बालकनी में बैठ सेवानिवृत्त मेजर कृपाल सिंह सामने पार्क में खेलते बच्चों को देख रहे थे। कभी उन्होंने भी चाहा था कि उनके घर के बाहर भी छोटा सा लॉन होता, जिसकी हरी-हरी दूब पर वे सुबह-शाम टहलते, अपनी छत होती, अपनी जमीन होती। लेकिन ऐसा कुछ भी न हो पाया। छह माले के भवन में तीसरे माले पर एक फ्लैट में रहकर अपनी रिटायर्ड जिन्दगी काट रहे थे। खुली हवा के नाम पर एक बालकनी थी जिसमें दो-चार गमले रख बागवानी का शौक भी पूरा कर रहे थे पति-पत्नी।

थोड़ी ही देर बाद मोहल्ले के कुछ बुजुर्ग पार्क में टहलने लगे थे। कृपालसिंह भी नीचे उतर आए और बाकी लोगों में शामिल हो गये। आज सभी लोगों की जुबान पर पुलिस की मौजूदगी में न्यायालय परिसर में हुए हत्याकाण्ड का जिक्र था।

उत्सुकतावश वे भी उसमें शामिल हो गये। पता चला आज पेशी पर ले जाते समय कोर्ट परिसर में ही किसी ने भू-माफिया जगतसिंह को गोलियों से भून दिया। साथ ही एक पुलिस वाला भी मारा गया। सभी लोग बिगड़ती कानून व्यवस्था और अपराधियों के बेखौफ हो जाने की चर्चा कर रहे थे। लेकिन जगतसिंह का नाम सुनते ही मेजर कृपाल कहीं खो गये थे।

उन्हें दस वर्ष पूर्व का अपना सपना याद हो आया। जीवन

भर की मेहनत की कमाई से उन्होंने इसी शहर में पाँच सौ गज का एक प्लॉट खरीद लिया था। सोचा था सेवानिवृत्त होने के बाद मिलने वाले पैसों से एक छोटा सा मकान बना लेंगे। परिवार में एक बेटा और पत्नी थी। बेटी का विवाह हो चुका था। बेटा भी इंजीनियरिंग कर रहा था। ईश्वर की कृपा से सब ठीक चल रहा था।

लेकिन सेवानिवृत्त होने के बाद जब वे यहाँ आए तो नजारा ही बदला हुआ था। उस प्लॉट पर उनकी बनाई हुई छोटी सी बाउण्ड्री के स्थान पर ऊँची-ऊँची दीवारें खड़ी थीं और एक तरफ गेट लगाकर उस पर ताला जड़ दिया गया था। एक बार तो उन्हें लगा शायद वो किसी गलत जगह आ गये। लेकिन फिर पूछताछ के बाद जो पता चला उससे उनके होश उड़ गए। उस प्लॉट पर जगतसिंह नामक एक व्यक्ति ने कब्जा कर लिया था।

और उसके बाद आरम्भ हुई उनकी न्याय के लिए लड़ाई। एक कोर्ट से दूसरे कोर्ट, तारीख पर तारीख, जगतसिंह के आदमियों द्वारा भुगत लेने की धमकी, राह चलते परेशान करना, ये सब देखना पड़ेगा सेना के अनुशासित जीवन में रहते उन्होंने सोचा भी न था।

इसी बीच उनका पुत्र गौरव इंजीनियरिंग की शिक्षा पूरी कर उन्हीं के पास आ गया था। अब वह एम.बी.ए. करने हेतु तैयारी कर रहा था। लेकिन माता-पिता को इतने तनाव में देख उसका खून खौल उठता। मन ही मन एक आक्रोश उसके अन्दर पनपता गया, जिसे अपनी ही परेशानियों से घिरे माता-पिता समझ भी न पाए।

अन्ततः सारे कागज देखने के उपरान्त न्यायालय ने मेजर कृपाल के पक्ष में फैसला दिया।

मुकदमा तो जीत लिया लेकिन प्लॉट पर कब्जा लेकर तो

दिखाओ न्यायालय परिसर में ही जगतसिंह द्वारा ठहाका मार कर कहे गए ये शब्द गौरव के कानों में पिघले शीशे की तरह पड़े। अत्यधिक क्रोध से उसकी मुट्ठियाँ भिंच गईं। अपनी लाचारी पर उसकी आँखों में आँसू भर आए। चुपचाप खून का घूँट पी वो वहाँ से चला आया। अब आरम्भ हुई कोर्ट के आदेश को तामील कराने की जद्दोजहद। कुछ दिनों तक गौरव और उसके पिता ने प्रशासन और पुलिस के चक्कर काटे। जब निचले स्तर पर काम नहीं बना तो उच्च अधिकारियों से सम्पर्क आरम्भ कर दिये थे। उन्होंने आश्वासन दिया कि शीघ्र ही उन्हें प्लॉट पर कब्जा दिला दिया जायेगा।

उन्हीं दिनों एक दिन शाम को मेजर कृपाल सैर कर घर वापस लौट रहे थे तो चार-पाँच लोगों ने उन्हें घेर लिया।

कानूनन प्लॉट तो खाली करवा लोगे लेकिन अगर कल तुम्हारे बेटे को कुछ हो गया तो हमें न कहना। उनमें से एक ने हाथ में रिवाल्वर निकाल ली और बाकी लोगों के चेहरे पर कुटिल मुस्कान फैल गई।

मैं पुलिस में रिपोर्ट दर्ज करवाऊँगा। कृपाल सिंह बोले। वह सेना से रिटायर हुए थे और ऐसी गीदड़ धमकियों से डरने वाले नहीं थे।

पुलिस में रपट! वे ठहाका मार कर हँसे। आपको क्या लगता है कि अब तक आपका प्लॉट खाली क्यों नहीं हो पाया। ये पुलिस की ही तो मेहरबानी है हम पर।

कृपाल सिंह यह सुनकर थोड़ा विचलित हो गये। ये तो सब लोग आपस में मिले हुए निकले। ऐसे में अगर इन्होंने सचमुच गौरव को कोई नुकसान पहुँचाया तो सुनवाई भी मुश्किल हो जाएगी। फिर तो वही हुआ जो जगतसिंह ने चाहा था। कानून कब्जा होने के बाद भी वे माफिया के चंगुल से अपने प्लॉट को

छुड़ा नहीं पाये। दिन प्रति दिन मिलने वाली धमकियों से परेशान हो आखिर उन्होंने इस बारे में सोचना ही बन्द कर दिया। जो पैसा मकान बनाने के लिए रखा था उससे एक छोटा सा फ्लैट खरीद शान्ति से रहना उन्होंने मुनासिब समझा।

इधर गौरव के स्वभाव में काफी बदलाव आ गया था। वह जब तक समझ पाते काफी देर हो चुकी थी। गौरव अपनी एम. बी.ए. पढ़ाई पूरी कर चुका था। उसे एक कम्पनी से बुलावा भी आया, लेकिन वह जाने को इच्छुक ही नहीं था। वह घण्टों कमरे में ही पड़ा रहता। किसी से बातचीत नहीं, लेकिन जब उसने धीरे-धीरे घर से बाहर निकलना शुरू किया तो देर रात तक वापस ही न आता। माता-पिता दोनों चिन्तित थे, आखिर उसके होनहार बेटे को हो क्या गया है।

एक दिन उसके कमरे की सफाई करते वक्त माँ की नजर मेज की दराज में रखी रिवाल्वर पर पड़ी तो वह सहम गई। किससे क्या कहें। पर किसी तरह उसने पति को बताने की हिम्मत जुटाई तो वह भी सन्न रह गया। आखिर उसे रिवाल्वर रखने की जरूरत क्या पड़ गई। वह भारी उलझन में पड़ गए।

उस रात बारह बजे गौरव घर लौटा तो माता-पिता दोनों उसकी इन्तजारी में जाग रहे थे। आँखें चुराकर गौरव ने अपने कमरे में जाना चाहा तो उन्होंने उसे वहीं रोक लिया।

समझाया, वे नौकरी-पेशा करने वाले प्रतिष्ठित परिवार के लोग हैं। जरायम पेशा लोगों की श्रेणी में नहीं आ सकते। जो हुआ भूल जाओ और इस शहर से कुछ समय के लिए बाहर निकल कहीं नौकरी करो। गौरव ने हाँ में सिर हिलाया और अगले ही दिन अपने तथाकथित दोस्त की रिवाल्वर वापस देने का वादा किया।

माता-पिता निश्चिंत थे। जवान खून है, कुछ दिन के लिए भटक गया होगा। लेकिन उनके सुसंस्कार उसे वापस सही रास्ते

पर ले ही आयेंगे। पर यही निश्चिन्तता उनकी भारी भूल साबित होगी, ये उन्होंने सपने में भी नहीं सोचा था।

कुछ ही महीनों बाद नौकरी लगने का बहाना कर गौरव घर से निकल गया। माता-पिता खुश थे। नौकरी करने लगेगा तो अपने आप ध्यान बँट जायेगा। उसके बाद एक अच्छी सी लड़की तलाश कर उसका विवाह कर देंगे तो घर-गृहस्थी में भी रम जायेगा। पोते-पोतियों को गोद में खिलाने के सपने उनकी आँखों में पलने लगे थे।

इस बीच शहर में चर्चा हुई कि जगतसिंह का विरोधी एक कट्टर माफिया गुट खड़ा हो चला है और इसने उसे खासा नुकसान भी पहुँचाया है। इन दोनों गुटों की दुश्मनी पुलिस के लिए नया सिर दर्द बनी गई है। ये पढ़-सुनकर मेजर कृपाल को बड़ा सुकून मिलता, कि आखिर उसे अपने किये की सजा तो मिलेगी ही। उनके जैसे न जाने कितने लोगों की खून-पसीने की गाढ़ी कमाई वह डकार गया था।

गौरव के भी फोन आते रहते, इस बीच एक दो बार वो छुट्टी पर भी आया था। उसकी नौकरी लगे अब एक वर्ष हो चुका था, माँ अक्सर उससे घर बसाने की बात करती तो वो टाल जाता, माँ मुझे अभी अपना लक्ष्य हासिल कर लेने दो, तब विवाह के बारे में सोचूँगा।

माता-पिता सोचते ऐसा कौन सा लक्ष्य है गौरव का, जिसके लिए वो विवाह को टाल रहा है। शायद पदोन्नति चाहता होगा, इसलिए अभी इस बन्धन में बँधना नहीं चाहता।

खैर, कुछ देर पार्क में टहलने के बाद कृपाल सिंह घर वापस चले आये। जगतसिंह की हत्या के बारे में पत्नी को बताया। गौरव का फोन मिलाने लगे लेकिन वो बन्द था। ऑफिस के किसी काम में व्यस्त होगा। रात को फोन कर उसे भी सूचित कर

देंगे। दिन दहाड़े कोर्ट परिसर में हुई हत्या से वैसे तो उनका मन व्यथित था लेकिन फिर भी मन के किसी कोने में वो ठण्डक भी महसूस कर रहे थे।

उस रात उनकी गौरव से बात नहीं हो पाई लेकिन अगले दिन जब चार-पाँच पुलिस वाले गौरव की जानकारी लेने हेतु उनके घर पहुँचे तो वे चौंक गये।

मेरा बेटा तो अपनी नौकरी पर है। आपको जरूर कुछ गलत-फहमी हुई है।' कँपकँपाते शब्दों में इतना ही कह पाये थे कृपाल सिंह।

जीवन भर की इज्जत धूल में मिलती महसूस हो रही थी। अगल-बगल के लोगों ने देखा होगा पुलिस आई है। क्या जवाब देंगे वो किस लिए आई थी पुलिस उनके पास।

गलत-फहमी आपको है सर। एक पुलिसवाला बीच में बोला। कल के हत्याकाण्ड के सिलसिले में एक आदमी पकड़ा गया है। जिसने इस वारदात में आपके बेटे का हाथ भी कबूला है। अगर आपका गौरव से सम्पर्क हो तो कृपया हमें भी सूचना दें। माता-पिता की हालत और उनकी अनभिज्ञता समझ पुलिस ने भी अपेक्षाकृत नरम रूख ही अपनाया।

दो दिन बीत गये। गौरव का कुछ पता न चला। माँ-बाप की रातों की नींद और दिन का चैन खो गया। बार-बार मन में यही प्रश्न उठता क्या सचमुच गौरव ने ऐसा किया! मन मानने को तैयार न होता लेकिन उसका फोन बन्द क्यों है1 कहाँ होगा वो इस समय?

चार दिन बाद गौरव पकड़ा गया। कुछ दिन बाद ही उसकी कोर्ट में पेशी होनी थी। पढ़े लिखे अच्छे परिवार के लड़के की अपराधी बनने की कहानी सुनने को सभी बेताब थे। न्यायालय में आज कुछ ज्यादा ही भीड़ थी।

नियत समय पर कोर्ट की कार्यवाही शुरू हुई। पुलिस ने गौरव पर जगतसिंह व एक पुलिसकर्मी की हत्या का आरोप लगाया था।

गौरव ने अपने बयानों में जो कुछ कहा उसने सबको सोचने पर मजबूर कर दिया। वह बोला–

पिता की खून-पसीने की कमाई के मिट्टी में मिल जाने पर मन ही मन मेरे अन्दर जगतसिंह को लेकर नफरत की आग भड़कने लगी। कैसे जगतसिंह को सबक सिखाया जाय, मैं इसी उधेड़बुन में रहता। कानूनी लड़ाई लड़ने का हश्र मैं देख चुका था। आखिर मन में आया, जगतसिंह को उसी की दुनिया में प्रवेश कर मात दी जा सकती है।

माता–पिता को जब उस पर संदेह होने लगा तो मैं नौकरी का बहाना कर घर से ही निकल गया। और इस तरह धीरे–धीरे मैंने साथियों की मदद से उसे नुकसान पहुँचाना आरम्भ कर दिया। मेरे इन साथियों में अधिकतर जगतसिंह के ही सताये लोग थे। उसने आगे बताया–

मेरा इरादा शुरू में उसे मारने का नहीं था। लेकिन उसकी पहुँच इतनी ऊँची थी कि चाह कर भी मैं उसे नेस्तनाबूत नहीं कर पा रहा था।

पर उसे मारने के लिए न्यायालय ही क्यों चुना गया, वो चाहते तो उसे कहीं भी मार सकते थे। इस सवाल के जवाब में गौरव ने जो कहा वो इस व्यवस्था की आँखें खोलने के लिए काफी था। उसे वहाँ पर मारकर वो न्याय व्यवस्था की आँखें खोलना चाहता था। जिस दिन उसके पिता ने अपनी जमीन का मुकदमा जीता था उसी दिन इसी परिसर में न्याय व्यवस्था की खिल्ली उड़ाते हुए जगत ने प्लॉट खाली कराने की चुनौती दी थी। उसके पिता के हक में फैसला होने के बाद भी न्यायालय के हुक्म की तामील न हो पाना पीड़ित के साथ सबसे बड़ी

नाइंसाफी थी। इसलिए उसने जगत की हत्या के लिए यही स्थान उपयुक्त समझा।

साथ ही उसे इस बात की भी जानकारी थी कि जगतसिंह उस दिन फिर किसी जमीन के विवाद के सिलसिले में पेशी पर आया था। फिर किसी शरीफ आदमी की जीवन भर की कमाई को अपने कब्जे में करने का ख्वाब सँजोकर वो कोर्ट में पेश होने जा रहा था।

पूरे हॉल में सन्नाटा छा गया। उसका बोला, एक-एक शब्द लोग सिर्फ सुन ही नहीं रहे थे, बल्कि शिद्दत से महसूस भी कर रहे थे। गौरव बेशक अपराधी था, उसने भरी कोर्ट में खुद यह स्वीकार भी कर लिया था। लिहाजा सजा भी तय थी। पर सबके मन में एक ही सवाल था आखिर इस पढ़े-लिखे नौजवान को अपराध में घसीट लाने वाला असली अपराधी कौन है। जगतसिंह, हमारी व्यवस्था या फिर कोई और!

अहसास

हमेशा मस्त रहने वाला डॉ. आदित्य आज न जाने क्यों बुझा-बुझा सा था। गहन चिंतन में डूबा। साहब खाना लगा दूँ। सोहन की आवाज सुन उसकी तन्द्रा टूटी। घड़ी की ओर देखा बारह बज चुके थे। एक घण्टा हो गया था उसे अस्पताल से आये, तब से न जाने किस सोच में डूबा था। सोहन एक दो बार धीरे से कमरे में झाँक भी गया था लेकिन साहब को आँखें बंद किये चुपचाप आराम कुर्सी पर अधलेटे पाया तो उसकी हिम्मत उन्हें जगाने की नहीं हुई।

—कितना व्यस्त रहते हैं साहब। जब से यहाँ आये हैं न खाने की सुध न आराम की। हर समय भागदौड़ में लगे रहते हैं। सोहन ने मन ही मन सोचा।

लेकिन जब आदित्य को ऐसे ही बैठे काफी देर हो गई तो सोहन ने उन्हें उठाना ही उचित समझा।

—मुझे तो भूख नहीं सोहन। तू खाना खा और सो जा। कहकर आदित्य उठ खड़ा हुआ और कपड़े बदलकर सोने की तैयारी करने लगा।

—साहब परेशान लग रहे हैं आज। सोहन ने सोचा, लेकिन क्या पूछता उनसे, जितने बड़े लोग उतनी बड़ी परेशानी। सोहन ने खाना खाया बर्तन धोये और सोने चला गया।

आदित्य शहर स्थित सरकारी अस्पताल का वरिष्ठ डॉक्टर था और इस पहाड़ी क्षेत्र में अचानक ही एक रहस्यमयी बीमारी फैलने से प्रशासन द्वारा प्रतिनियुक्ति पर यहाँ भेज दिया गया था। तेज बुखार और उल्टी दस्त से कई लोगों की जानें जा चुकी थीं और सैकड़ों की संख्या में बीमारी से पीड़ित लोग रोज अस्पताल आ रहे थे। आज लगभग पन्द्रह दिन हो गये थे उसे यहाँ आए और अब तक वे और उनकी टीम बीमारी पर काफी हद तक नियन्त्रण पा चुकी थी। व्यस्तता कहें या रिश्तों की कड़वाहट, आदित्य को इतने दिनों में एक बार भी परिवार से दूरी का एहसास नहीं हुआ। लेकिन आज न जाने क्यों अपने पाँच वर्षीय पुत्र प्रसून का चेहरा बार-बार आँखों के सामने आ जाता।

आदित्य और चित्रा का एक ही बेटा था प्रसून। आदित्य डॉक्टर तो चित्रा राज्य प्रशासन में उच्च पद पर सेवारत थी। दोनों के अपने-अपने काम के तनाव थे, लेकिन आपस में एक-दूसरे को समझने के बजाय अहम् का टकराव दोनों के बीच दूरियाँ बढ़ाने का ही काम करता।

—तुम क्या समझते हो एक तुम ही काम करते हो! मैं ऑफिस क्या आराम करने जाती हूँ!

आदित्य के कार्यक्षेत्र सम्बन्धी कोई भी परेशानी बताने पर

चित्रा का जवाब उसे आहत कर जाता और फिर वो भी चुप रहने के बजाय कुछ न कुछ कटु शब्द बोल ही जाता। इसके बाद दोनों के बीच में जो तू-तू, मैं...मैं शुरू होती वो कई दिनों तक बोलचाल भी खत्म कर देती। इन दोनों के इस रसाकसी में सबसे ज्यादा पिसता उनका बेटा प्रसून। पहले-पहले तो वह इन दोनों की तकरार देख जोर-जोर से रोने लगता पर एक बार चित्रा के बुरी तरह डपटने और ऊपर से थप्पड़ जड़ देने से वह बुरी तरह सहम गया। अब घर में कोहराम मचते ही वह चुपचाप आया की गोद में जाकर छुप जाता। न तो आदित्य और न ही चित्रा ने कभी प्रसून की मन:स्थिति समझने का प्रयास किया। धीरे-धीरे प्रसून अन्तर्मुखी होता गया और उसकी आदतों में बदलाव देख उसकी स्कूल टीचर ने उन दोनों को बुलावा भेजा।

–प्रसून में मैं अजीब सा बदलाव देख रही हूँ। हर समय डरा-डरा सा रहता है। बाल सुलभ चंचलता तो इसमें है ही नहीं। क्या घर में भी ऐसे ही रहता है या स्कूल से ही कोई परेशानी है!

आदित्य और चित्रा को तो अपनी व्यस्तताओं और कटुताओं के बीच अब याद ही नहीं रहा कि प्रसून का आचरण घर में कैसा था। घर आकर भी स्थिति की गंभीरता को समझने की बजाय फिर वही आरोप-प्रत्यारोप। बच्चे की बात फिर हाशिये पर चली गई।

–कैसी माँ हो तुम। ये भी नहीं पता कि बच्चा क्या कर रहा है। आदित्य ने सारी जिम्मेदारी चित्रा के ऊपर डाल दी तो वो आपा खो बैठी।

–क्यों क्या सारी जिम्मेदारी मेरी ही है मिस्टर आदित्य। मैं भी आपकी तरह नौकरी करती हूँ। आर्थिक जिम्मेदारी बाँटती हूँ तुम्हारी, तो तुम भी बाकी जिम्मेदारियाँ बाँटना सीखो।

–तो छोड़ दो नौकरी। इतना कमाता हूँ कि तीन आदमियों

का परिवार ढंग से पल जाय। लेकिन पैसे से ज्यादा तुम्हें तो अपने अहं की तुष्टि चाहिए।

बस बहस बढ़ती गई। जिसके लिए यह बात शुरू हुई, वो न जाने कब का सहम कर, आया की गोद में सो गया था।

पहाड़ी क्षेत्र में बीमारी फैलने पर जब उसे प्रतिनियुक्ति पर भेजने की खबर आई तो वो खुश ही हुआ। इसी बहाने सही, घर के इस दमघोंटू वातावरण से मुक्ति तो मिलेगी।

वहाँ पहुँचकर उसने अपने आप को बीमारों के इलाज में व्यस्त कर लिया था। वह अपने महकमे का काबिल डॉक्टर तो था ही, पर लोगों को भी उस पर कुछ ज्यादा ही विश्वास था। आदित्य अब ऐसे काम में जुटा, मानो सब कुछ भुला देना चाहता हो।

लेकिन आज बिस्तर पर पड़े उस मासूम बच्चे की आँखों ने उसे प्रसून की याद दिला दी। आज वार्ड में घूमते हुए एक बेड पर उसने पाँच-छह वर्ष के बच्चे को देखा, जिसकी एक टाँग पर प्लास्टर चढ़ा हुआ था। बच्चा अकेला था और अजीब सी सूनी निगाहों से छत की ओर ताक रहा था। न जाने क्या था उसकी निगाहों में कि आदित्य एक पल ठिठक कर रुक गया।

—सर, आर्थोपेडिक का केस है लेकिन बेड में जगह नहीं होने पर यहाँ शिफ्ट कर दिया। वैसे भी बहुत बुरा हुआ है इसके साथ। साथ में खड़े फार्मेसिस्ट ने बताया तो आदित्य के मन में बच्चे के लिए जिज्ञासा जगी। उसने पूछा—

—क्या नाम है तुम्हारा।

आदित्य के पूछने पर भी बच्चा एकटक छत की ओर ही ताकता रहा, मानो कुछ सुना ही नहीं।

फार्मेसिस्ट बोला—

—सर! जब से आया है किसी से कुछं बोलता ही नहीं। बस

इसी तरह एकटक छत की ओर ही निहारते रहता है।

आदित्य आगे बढ़ गया लेकिन बच्चे का चेहरा बार-बार उसकी आँखों के आगे घूम जाता। क्या कह रहा था फार्मेसिस्ट कि इसके साथ बहुत बुरा हुआ है। आदित्य के मन में उस बच्चे की कहानी जानने की उत्सुकता और बढ़ी।

सभी वार्डों का निरीक्षण करने के बाद आदित्य अपने कक्ष में चला आया और फार्मेसिस्ट को वहीं रोक लिया।

—क्या कह रहे थे तुम उस बच्चे के बारे में।

—कौन, सर वो पिंटू। जिसके पैर में प्लास्टर बँधा है!

—अच्छा, उस बच्चे का नाम पिंटू है। आदित्य ने मन ही मन नाम दोहराया और हामी में सिर हिला दिया।

फार्मेसिस्ट ने पिंटू की कहानी सुनानी शुरू की तो आदित्य के जैसे हाथों से तोते उड़ गए।

वह बताने लगा—

—पिंटू पास ही के गाँव में अपने माता-पिता के साथ रहता था। पिता गाँव में ही छोटी सी दुकान चलाता और साथ ही थोड़ी बहुत खेती भी थी। इससे घर का खर्चा आराम से चल जाता। सब ठीक ही चल रहा था, बस एक ही बुराई थी उसके बाप में। वह बहुत गुस्सैल था और बात-बात में आपा खो देता। यह भी नहीं सोचता कि मुँह से क्या निकल रहा है। पिंटू की माँ मेहनती और सुघड़ गृहिणी थी। छोटी-छोटी बात पर पति के ताने सुनती और अगर गलती से जवाब दे दिया तो फिर खैर नहीं। वह हाथ उठाने से भी गुरेज नहीं करता। पर वह काम में ही जुटी रहती। घर के अलावा खेतों की जिम्मेदारी भी उसी की थी। साथ ही गाय भैंसों की देखभाल। इतना सब करने के बावजूद वह पति से दो बोल प्यार के सुनने को तरस जाती। धीरे-धीरे मार खाना उसकी आदत बन गई लेकिन गलत बात फिर भी उसे बर्दाशत नहीं होती। वह

तुरंत जवाब दे देती। इससे पति के अहं को ठेस लगती और वह फिर हैवानियत पर उतर आता।

आए दिन के इस कलह का पिंटू के बाल-मन पर क्या असर पड़ रहा है, इसका दोनों को कोई भान नहीं था। घर में समझाने वाला कोई बड़ा-बूढ़ा था नहीं। पिंटू के दादा-दादी बहुत पहले ही स्वर्ग सिधार चुके थे। बाकी किसी की कोई हया थी नहीं।

कुछ दिन पहले ही उन्होंने फिर बखेड़ा खड़ा कर दिया। छोटी सी बात को लेकर खूब हाय-तौबा मच गई। उसके बाप ने थोड़ी शराब पी रखी थी। दोनों में से कोई भी चुप होने को तैयार नहीं था। पिंटू डर से काँपता हुआ दूसरे कमरे में एक कोने पर जा दुबका। अचानक माँ की जोर से चीखने की आवाज आई, पिंटू ने दरवाजे से झाँककर देखा तो उसके होश उड़ गये। पिता ने पास ही पड़ा हथौड़ा माँ के सिर पर दे मारा। उसके मुँह से जोर की चीख निकली और वह बेहोश हो गई। सिर से खून का फव्वारा फूट पड़ा। यह देख उसका बाप भी सहम गया। निढाल पड़ी पत्नी को हिलाडुला कर उठाने की कोशिश की लेकिन उसमें जैसे जान ही नहीं थी। पिंटू समझ ही नहीं पाया क्या करे।

बाप पानी लेने रसोई में गया तो पिंटू दबे पाँव कमरे से बाहर निकल आया। उसकी टाँगे काँप रही थीं, हलक सूख रहा था। आँखों के सामने बार-बार माँ का खून से सना चेहरा घूम आता। वह भागा जा रहा था, पर कहाँ उसे खुद नहीं मालूम।

इतनी देर में सारा गाँव इकट्ठा हो गया। पिंटू के नाना-नानी पास के ही गाँव में रहते थे। खबर मिलते ही वे भी दौड़े चले आये। गाँव में स्थित प्राथमिक स्वास्थ्य केन्द्र वालों ने प्राथमिक उपचार कर पिंटू की माँ को बड़े अस्पताल ले जाने की सलाह दी। पिंटू के नाना-नानी ने अपने दामाद के विरुद्ध शिकायत की

तो राजस्व पुलिस उसे पकड़ कर ले गई।

इधर पिंटू की किसी को कोई सुध ही नहीं थी। अगले दिन सुबह जंगल में मवेशी चराने गये गाँव के एक युवक को पिंटू बेहोशी की हालत में पड़ा मिला। आनन-फानन में गाँव वाले ही उसे उठाकर अस्पताल में भर्ती कर गये। बायी टाँग में फ्रेक्चर था और उसके मुँह से आवाज नहीं निकल रही थी।

–शरीर पर लगे घाव तो भर जायेंगे सर लेकिन जो घाव इस बच्चे के मन पर लगे हैं क्या उन्हें कोई भर पायेगा! जब पाल ही नहीं सकते तो बच्चे जनते ही क्यों हैं लोग! कहते-कहते फार्मेसिस्ट का गला भर आया। लेकिन फिर भी वह बोले जा रहा था, मानो मन की भड़ास निकाल रहा हो।

आगे बोला–

–अभी तक भी बच्चा बोल नहीं पा रहा सर, उसका कोई देखने वाला भी नहीं है। बाप जेल में है और माँ अस्पताल में जीवन मौत के बीच झूल रही है।

अचानक आदित्य को लगा जैसे वो सपना देख रहा हो। प्रसून गुमसुम अस्पताल में बेड पर पड़ा खामोशी से छत को निहार रहा है।

–नहीं...नहीं ऐसा नहीं हो सकता।

–क्या नहीं हो सकता सर। यही हुआ है। बेचारा बच्चा। पता नहीं क्या होगा अब उसका। ईश्वर करे इसके माँ-बाप में सुलह हो जाय और वे अपनी-अपनी गलतियों में सुधार करें।

फार्मेसिस्ट अपनी रौ में बोले जा रहा था, पर इधर आदित्य जैसे कुछ सुन ही नहीं रहा था। नन्हे पिंटू की हालत ने उसे बहुत कुछ सोचने पर मजबूर कर दिया था। अपने घर के झगड़े में आदित्य ने हमेशा ही चित्रा को गलत समझा। लेकिन कितना असहिष्णु था वो चित्रा के प्रति। उसके काम को

उसने कभी गम्भीरता से लिया ही नहीं। अगर अपना अहं छोड़कर वो उसके काम में हाथ बँटा देता या उसे समझने की थोड़ी सी भी कोशिश करता तो ऐसी नौबत ही नहीं आती। आखिर चित्रा भी इंसान है, अगर वो प्यार से बात करेगा तो उसकी समझ में भी आ जायेगा।

प्रसून के जीवन के लिए वो चित्रा से अपने सम्बन्ध सुधारने का एक प्रयास जरूर करेगा।

अगले दिन सुबह आदित्य ने घर फोन किया तो प्रसून स्कूल जा चुका था।

–आ गई घर की याद?

–चित्रा का स्वर सुन एक बार उसका मन हुआ कि कह दे वो एक व्यस्त डॉक्टर है। अगर वो फोन नहीं कर सका तो उसे ही बात कर लेनी चाहिए थी। लेकिन अपने अहं को उसने किसी तरह अंदर धकेला।

–सॉरी चित्रा, दरअसल यहाँ काम बहुत था। बीमारी काफी बढ़ गई थी इसलिए समय नहीं मिल पाया।

आदित्य का स्वर सुन चित्रा खामोश हो गई। क्या ये वहीं आदित्य है जो बात-बात पर काटने को दौड़ता था।

–तुम सुन रही हो ना। आदित्य का स्वर सुन चित्रा चौंकी।

–हाँ!

–प्रसून कैसा है! वो तुम्हें तंग तो नहीं कर रहा है। आदित्य का स्वर मन की गहराइयों से आता प्रतीत हो रहा था।

–आदित्य तुम कब लौट रहे हो। बहुत देर से चुपचाप आदित्य की बात सुन रही चित्रा ने पूछ ही लिया।

–बहुत जल्दी। अब तुम्हें ऑफिस की देर हो रही होगी, शाम को बात करूँगा। प्रसून से भी बात करनी है, कहकर आदित्य ने फोन रख दिया। लेकिन चित्रा बहुत देर तक रिसीवर

हाथ में उठाये आदित्य के स्वरों को महसूस करती रही।

आज दोनों अपने-अपने ऑफिस में कतई तनाव मुक्त थे। ऐसा लग रहा था जैसे बादलों से निकलकर शीतल सुंदर चाँद निकल आया हो।

बेड़ियाँ

न जाने क्यों, दिल्ली जाने का नाम सुन सुनन्दा को हमेशा ही बुखार चढ़ने लगता। पर करे क्या, उसकी कम्पनी का मुख्यालय होने के कारण उसे दो-चार महीने में वहाँ जाना ही पड़ता। हर बार जाने से पहले कम्पनी का गेस्ट-हाउस बुक कराओ। उसके लिए भी दस लोगों की खुशामद करो, तब जाकर रहने का इन्तजाम हो पाता। होटल में रहना उसे कभी सहज नहीं लगा। वो भी दिल्ली जैसे महानगर में, जहाँ हाथ को हाथ नहीं सूझता। ऊपर से दूरियाँ इतनी कि इतने वक्त में तो आदमी छोटी जगहों में एक शहर से दूसरे शहर पहुँच जाए। आदमी तो जैसे वहाँ हर वक्त दौड़ता ही रहता है। लगता है जीने के लिए हवा जरूरी न होती तो ये लोग साँस लेना ही छोड़ देते।

पर अबकी बड़ी उत्साहित थी सुनन्दा। कई वर्षों बाद जीजा जी की पोस्टिंग दिल्ली हुई थी। कम्पनी की गाड़ी, रहने को ठिकाना, ऊपर से मालती दीदी और बच्चों का साथ। वह खुश लग रही थी।

–क्यों मैडम! अबकी बार गेस्ट-हाउस बुक नहीं कराया क्या।

शुक्ला जी ने सवाल किया।–लेकिन सुनन्दा अनसुनी कर ऑफिस से बाहर निकल गई। दीदी को बताये बिना चुपचाप वह वहाँ धमककर उन्हें 'सरप्राइज' देना चाहती थी। इसलिए चुपके फोन कर बातों ही बातों में उसने जान लिया था कि सब लोग घर पर ही हैं।

वह शाम को चल दी ट्रेन से। तड़के सहयात्रियों के हलचल से पता चला ट्रेन निजामुद्दीन रेलवे स्टेशन पहुँचने वाली है। सुनन्दा को वातानुकूलित डिब्बे की यह कमी बड़ी अखरती कि इसके अन्दर कोई भी चाय या बाकी सामान बेचने वालों की आवाज नहीं आती। और न यह पता चलता कि कहाँ पहुँच गए। वरना बाकी डिब्बों में तो स्टेशन आते ही चहल-पहल शुरू हो जाती है। घड़ी देखी छह बज रहे थे। कुली को आवाज दी और टैक्सी बुक कराकर चल दी दीदी के घर की ओर। सुबह-सुबह की दिल्ली कितनी अलग लगती है न वाहनों का शोर, न हवा में धूल-धुआँ। हवा में हल्की सी ताजगी भरी ठण्डक। कुल मिलाकर दिल्ली उसे अबकी बड़ी राहत भरी लगी। शायद मालती दीदी के यहाँ रहने का असर था।

उसका विवाह हुए दस वर्ष से अधिक हो चुके थे। मालती, सुनन्दा और अरुण तीन ही तो भाई बहन थे। मालती दीदी सबसे बड़ी फिर अरुण और सबसे छोटी सुनन्दा। मालती दीदी का विवाह उनके एम.ए. करने के पश्चात् ही हो गया था। नौकरी

करने में उन्हें कोई रुचि नहीं थी तो जीजा जी ने भी उनके घर गृहस्थी को सँवारने में ही रुचि दिखाई। उसके बाद अरुण उच्च शिक्षा के लिए अमेरिका गया तो वहीं का होकर रह गया। वहीं एक अनिवासी भारतीय लड़की से विवाह किया और एक वर्ष बाद घर आया तो एक बच्चे का पिता बन चुका था। माता-पिता ने सुखी रहने का आशीर्वाद दिया और दबे स्वर में अपने देश में ही रहने की सलाह भी दे डाली।

–यहाँ...यहाँ रहकर क्या करूँगा मैं। यहाँ तो तरक्की करने के सारे रास्ते बंद है। अरुण ऐसे कह रहा था जैसे कभी भारत में रहा ही न हो। वो भूल रहा था कि जिस शिक्षा की बदौलत वह आज अमेरिका में अच्छा खा-कमा रहा है, वो शिक्षा उसने अपने देश में ही ग्रहण की है। वह आगे बोला–

–रीटा, उसने तो कभी भारत देखा ही नहीं है। वो कैसे रह पायेगी यहाँ पर!

और फिर कुछ ही दिनों बाद अरुण पत्नी व बच्चे को ले वापस लौट गया। माता-पिता यह भी न समझा पाये कि जिस तरह वह इतने वर्ष भारत में रहने के बाद चार-पाँच वर्षों में ही अमेरिका का हो गया तो क्या उसकी पत्नी यहाँ की नहीं हो सकती! लेकिन बच्चे जहाँ खुश वहाँ अपनी भी खुशी, इसी भावना के वशीभूत वे भी खुश रहने पर मजबूर हुए।

रह गई सुनन्दा। बचपन से ही प्रखर बुद्धि की रही सुनन्दा को स्नातक के बाद ही अच्छे संस्थान में एम.बी.ए. कर एक वहुराष्ट्रीय कम्पनी की नौकरी मिल गई। तब से सफलता की सीढ़ी चढ़ वो कम्पनी में अच्छे पद पर जा पहुँची है। माता-पिता को विवाह की चिन्ता है और सुनन्दा को उनकी। कैसे उन्हें अकेला छोड़कर घर बसा ले वो अपना? हाँ, कोई उसकी समस्या समझने वाला इन्सान मिले जो उसके माता-पिता को भी अपना

समझे तब ही घर बसाना सम्भव है।

विवाह की बात याद आते ही सुनन्दा के सामने गणेशन की तस्वीर कौंध गई। लेकिन वो कुछ और सोच पाती टैक्सी वाले की आवाज ने उसकी तन्द्रा भंग की। 'मैम साहब घर आ गया।'

ड्राइवर को पर्ची पकड़ा वो बाहर निकल आई। अब तक थोड़ी सी धूप निकल चुकी थी और गतिविधियाँ बढ़ रही थीं। सुनन्दा ने घण्टी बजाई तो सोलह-सत्रह साल के एक लड़के ने दरवाजा खोला। किसी अपरिचित को सामने देख वह मौन खड़ा रहा। शायद नौकर होगा, सुनन्दा ने सोचा।

—कौन है वहाँ।

मालती दीदी की आवाज सुनाई दी तो सुनन्दा उस लड़के को धकियाकर अन्दर घुस गई।

—सुनन्दा तू! मालती के स्वर में आश्चर्य था। अरे कम से कम फोन तो कर दिया होता। तेरे जीजाजी आ जाते तुझे लेने के लिए।

—हाँ, और इसी बहाने अपनी एक मात्र साली से अकेले गुफ्तगू करने का मौका मिल जाता। जीजाजी हँसते हुए बोले तो मालती दीदी ने आँखें दिखाई।

—अरे, आँखें क्यों दिखा रही हो। अकेले टैक्सी वाले के साथ आने से तो हमारे साथ आना ज्यादा सुरक्षित था। और कमरे में उनका ठहाका गूँज उठा।

—आपको भी सेवा का मौका अवश्य दिया जाएगा। ऑफिस जाते हुए आप हमें हमारे मुख्यालय पर छोड़ सकते हैं।

सुनन्दा ने अदा से कहा तो एक बार फिर तीनों हँस दिये।

मालती दीदी और जीजाजी की गृहस्थी बहुत अच्छी चल रही थी। जीजाजी बहुत ही स्नेही और जिन्दादिल स्वभाव के थे तो दीदी भी मृदुभाषी और सुघड़ गृहिणी। एक बेटा और एक बेटी

के माता-पिता। आर्थिक रूप से समृद्ध उस घर की खुशियाँ देख किसी को भी ईर्ष्या हो सकती थी। नहा-धोकर, नाश्ता इत्यादि करने के बाद जीजाजी ने सुनन्दा को उसके ऑफिस छोड़ दिया।

–शाम को मैं स्वयं आ जाऊँगी, कहते हुए सुनन्दा ने उनसे विदा ली।

जरूरी काम-काज निपटाने के बाद सुनन्दा जल्दी ही घर वापस पहुँच गई। तब तक बच्चे भी स्कूल से लौट चुके थे। सुनन्दा को देखते ही मौसी-मौसी चिल्ला वे उससे लिपट गये। जीजा जी के आने पर मालती ने बच्चों को उनको हवाले किया और स्वयं सुनन्दा को ले बाजार की ओर चल दी।

–मालती! एक परिचित स्वर सुन मालती ने पीछे देखा।

–अरे आशा दीदी आप! और उन्होंने मालती को गले से लगा लिया।

सुनन्दा ने देखा, यही कोई पैंतालीस-पचास के बीच की उम्र होगी उनकी। चेहरे पर गरिमामय प्रौढ़ता, सलीके से सजा-सँवरा व्यक्तित्व, उनके चेहरे में कुछ ऐसा था जो किसी को भी उनकी ओर आकर्षित कर सकता था।

–ये है मेरी छोटी बहन सुनन्दा,–मालती बोली तो सुनन्दा ने झट हाथ जोड़ कर अभिवादन किया। न जाने क्या सोचती होंगी। न जाने कैसे बेवकूफों की तरह उन्हें ताक रही थी वो।

फिर कुछ एक औपचारिक बातें और अगले दिन घर आने का निमन्त्रण जिसे मालती ने सहर्ष स्वीकार कर लिया। किसी और की बात होती तो इस पर सुनन्दा अवश्य नाराज होती।

–पता नहीं क्या आदत है तुम घर में रहने वाली महिलाओं की। जहाँ बातचीत करने का मौका देखा पहुँच गई, लेकिन इस वक्त सुनन्दा कुछ न बोल पाई, उन्हें देख कर मन ही मन उसकी भी प्रबल इच्छा हो रही थी मिलने की।

–इसके पति आर्मी में हैं, सीमा पर पोस्टिंग है इसलिये ये दिल्ली में रह रही हैं। एक बेटा है वो बैंगलोर में नौकरी कर रहा है। न जाने क्या-क्या बता रही थी मालती भी उनके बारे में।

दो दिन तक सुनन्दा अपने काम में व्यस्त रही तो कहीं बाहर निकलने का समय ही नहीं मिल पाया। अगले दिन शनिवार था तो शाम को मालती के साथ सुनन्दा आशा जी के घर पहुँच गई। घर के द्वार से ही उसमें रहने वाले लोगों की सुरुचि का अहसास होता।

अंदर पहुँचे तो आशाजी ने गर्मजोशी से दोनों का स्वागत किया। छोटा लेकिन सुरुचिपूर्ण तरीके से सजाया गया घर, ऊपर से आशाजी का व्यवहार किसी का भी मन मोह लेने के लिए काफी था।

–संगीत का शौक किसे है?

घर में एक ओर दीवान पर रखे सितार और हारमोनियम देख सुनन्दा अपने आप को रोक न पाई।

–खाली समय में बजा लेती हूँ थोड़ा बहुत। मजाक करती हैं आप भी, मालती बीच में ही बोल पड़ी। दीदी बहुत अच्छा सितार बजाती हैं और साथ में गाती तो इतना अच्छा हैं मानो सरस्वती इनके कण्ठ में समा गई हो।

–अरे ये तो यों ही तारीफ कर रही है, बस यूँ ही थोड़ा बहुत...। और आशा जी विनम्रता से मुस्कुरा दीं। कहीं नौकरी करती होंगी तभी इनकी बातों से ही इनके ज्ञान और बौद्धिकता का आभास होता है। लेकिन सुनन्दा की ये गलतफहमी भी शीघ्र ही दूर हो गई।

–अरे, घर की नौकरी से बढ़ कर भी कोई नौकरी होती है। एक तो पति और बच्चों को मेरी जरूरत थी दूसरे में इस लायक कहाँ कि नौकरी कर सकूँ।

–मजाक कर रही हैं–सुनन्दा ने सोचा।

–हाँ, आजकल खाली हूँ तो अनाथाश्रम के बच्चों को शाम को दो-तीन घण्टे संगीत सिखा आती हूँ, यही है मेरी नौकरी।

एक डेढ़ घण्टा बैठने के बाद मालती और सुनन्दा वापस चले आये।

बहुत सम्भ्रान्त और सुसंस्कृत परिवार से लगती हैं आशा जी। सुनन्दा अभी तक आशा जी की छाया से बाहर नहीं निकल पाई थी।

–आजकल जहाँ लोग पैसे के पीछे दौड़ते हैं, वो अनाथ बच्चों के लिए कितना कुछ कर रही हैं।

खुद भी तो उन्हीं में से एक हैं,–आशा जी मालती ने एक और रहस्योद्घाटन किया।

सुनन्दा को आश्चर्यचकित देख मालती ने उसे आशा जी की पूरी कहानी सुना दी।

लेफ्टिनेंट कर्नल प्रदीप की जम्मू में नियुक्ति के दौरान उन्हें वहाँ स्थित एक अनाथाश्रम में एक कार्यक्रम में भाग लेने का मौका मिला। वहाँ के बच्चों की संगीतमय प्रस्तुति बहुत अच्छी लगी, खासतौर पर उनकी टीचर द्वारा दी गई प्रस्तुतियाँ। मैनेजर से पूछने पर पता चला कि वो वहाँ पर अध्यापिका है और अनाथाश्रम के बच्चों को संगीत सिखाती है। प्रदीप कई दिनों तक उस अध्यापिका के बारे में सोचते रहे। उसकी सुरीली आवाज और सौम्यता उनके मन में कहीं गहरे उतर गई थी। जब मन नहीं माना तो एक बार फिर चले गये उसी अनाथाश्रम में।

–आपकी संगीत टीचर का पता जानना चाहता हूँ। बिना किसी लाग-लपेट के मैनेजर से अपने आने का मन्तव्य समझा दिया उन्होंने।

पता, कौन सा पता! यही पता है आशा का। जन्म लेते ही

न जाने कौन अभागी माँ उसे इस अनाथाश्रम में छोड़ गई थी। तब से यही उसका घर है।

—तब तो मैं आपके इस आश्रम का हीरा चुराने आया हूँ।

मैनेजर की आँखों में प्रश्नचिह्न देख प्रदीप ने उन्हें समझाया।

—मैं शादी करना चाहता हूँ आशा से।

—लेकिन...उसके कुल, गोत्र, जाति का कुछ पता नहीं।

—ये तो और भी अच्छी बात है, इन्सान तो है ना। यही काफी है मेरे लिए।

प्रदीप ने माता-पिता को मनाने की कोशिश की। लेकिन सरयूपारीण ब्राह्मण, अज्ञात कुल-गोत्र की लड़की को अपने घर की बहू बनाने को राजी न हुए।

अब इन बेड़ियों को तोड़ने की जिम्मेदारी प्रदीप की थी। एक सादे समारोह में जम्मू में ही प्रदीप और आशा का विवाह सम्पन्न हुआ।

—आप तो सचमुच हमारे आश्रम का हीरा चुराये लिये जा रहे हैं। मैनेजर के कँपकँपाते शब्दों ने आश्रम के लिए आशा की अहमियत जता दी थी। उसके बाद प्रदीप की नियुक्ति जब तक जम्मू रही आशा नियमित रूप से अनाथाश्रम जाती रही। और इसके बाद जहाँ भी प्रदीप की नियुक्ति हुई आशा हर जगह गरीब, अनाथ बच्चों के लिए काम करती रही।

—और उनके सास-ससुर!

—कुछ वर्षों तक तो उन्होंने आशा को स्वीकार नहीं किया लेकिन आशा हर वर्ष कुछ समय उनके साथ अवश्य बिताती। अपनी रसोई तक को नहीं छूने दिया उन्होंने आशा को। लेकिन उसने भी हार न मानी। माता-पिता के इस आचरण से प्रदीप का मन व्यथित हो उठता। सिर्फ जाति और धर्म की बेड़ियों के कारण उसके माता-पिता आशा जैसी सुसंस्कृत और स्नेही बहू का

निरादर करते तो प्रदीप का मन होता दोबारा लौट कर न आए। लेकिन आशा की सूझ-बूझ और जिम्मेदारी भरे व्यवहार से अन्तत: वह उन्हें अपने पक्ष में करने में सफल हुई। दो-तीन वर्ष पहले ही मृत्यु हुई है उनकी।

सुनन्दा एक बार फिर अपने अतीत में पहुँच गई थी। गणेशन उसका सहकर्मी, दोनों विवाह करना चाहते थे, लेकिन गणेशन अपने दक्षिण भारतीय कट्टर ब्राह्मण माता-पिता को एक कायस्थ लड़की से विवाह करवाने को राजी नहीं करवा पाया था। और न ही उसमें इतनी इच्छा शक्ति थी कि इन बेड़ियों को स्वयं तोड़ने की हिम्मत कर सके।

एक ओर प्रदीप है जो आज से 25-30 वर्ष पहले भी न इन बेड़ियों को तोड़ एक हीरा अपने घर ले आये थे और एक ओर गणेशन और उसके माता-पिता हैं जो अब भी इन बेड़ियों को तोड़ने के लिए राजी नहीं हैं।

खोया सम्मान

आज उसकी बची जिन्दगी के सबसे बड़े मकसद का इम्तिहान था। जैसे-जैसे समय बीतता जा रहा था कल्याणी की घबराहट बढ़ती जा रही थी। बार-बार घड़ी की ओर देखती कल्याणी अपने ही कमरे में बेचैनी से चहल-कदमी कर रही थी। बार-बार उसकी निगाह अपने पति की तस्वीर की ओर चली जाती। क्या आज का दिन उसके स्वर्गीय पति के खोए हुए सम्मान को वापस लौटा पायेगा। इतने वर्ष अपने सौम्य और मृदु स्वभाव वाले पति के साथ बिताने के बाद इतना तो वो भी समझती थी कि जो घृणित आरोप उसके पति पर लगा था वो अपराध वे कभी कर ही नहीं सकते थे।

पिछले तीन वर्ष से कल्याणी और उसका परिवार जिस

अपमान के घूँट को पीकर जी रहे थे उसे उनकी अन्तरात्मा ही जानती थी। उस मनहूस दिन को, जिसने उनसे सब कुछ छीन लिया था, याद करके आज भी उनके बदन में झुरझुरी दौड़ जाती। इतना अपमान सहन करने के बाद भी वो क्यों जीवित है ये प्रश्न बार-बार मन को कचोटता। पति की मृत्यु के बाद तो एक बार उसके मन में आया था कि इस अपमानजनक जीवन को ढोने से अच्छा अपनी इहलीला समाप्त कर दे। लेकिन दोनों बेटियों की दृढ़ इच्छा शक्ति ने उसे मरने नहीं दिया।

–हम पापा को निर्दोष साबित कर के रहेंगे। बड़ी बेटी के पति के मुँह से निकले ये शब्द उसे जीवनदान दे गये।

अगर मरना ही है तो ये कलंक अपने सिर पर लेकर क्यों मरूँ। अपने मृत पति को सम्मान दिलाने की लालसा ने भी उन्हें मरने नहीं दिया।

आज का दिन इतना लम्बा क्यों है? बार-बार घड़ी को देखते हुए वो सोचती। उन्हें लग रहा था कि घड़ी की सुइयाँ एक जगह पर स्थिर हो गई हैं। कहीं सेल तो नहीं खत्म हो गया। ये सोच उन्होंने अपनी कलाई घड़ी को दराज से निकाल लिया। लेकिन उसमें भी वही समय हो रहा था।

यद्यपि उस मनहूस दिन को वो अपनी यादों से हटा देना चाहती थी, लेकिन समय की अधिकता और अकेलेपन ने उनकी सोच को उस दिन तक पहुँचा ही दिया।

उनके पति सुधीर को पिता के एक पुराने मित्र से खबर मिली थी कि उनके पुश्तैनी घर में कुछ संदिग्ध गतिविधियाँ चल रही हैं। वो एक बार यहाँ आकर अपने चौकीदार से सम्पर्क करें और स्थिति का जायजा अवश्य ले लें।

सुधीर अपने माता-पिता की इकलौती सन्तान थे और मसूरी की सुरम्य पहाड़ियों में स्थित पुश्तैनी घर के अकेले वारिस। जब

तक माता-पिता जीवित रहे उन्होंने उस घर को छोड़ा नहीं। उनके पति के बाद घर को चौकीदार के हवाले कर सुधीर अपनी नौकरी में व्यस्त हो गये।

उच्च पद पर आसीन होने के कारण काम की व्यस्तता इतनी रहती कि अपने घर को देखने का समय न मिलता। कभी-कभी कल्याणी ही दोनों बेटियों की छुट्टियों में जाकर घर की देखभाल कर आती।

पिछले वर्ष ही घर के बूढ़े चौकीदार की मृत्यु होने पर उसका बेटा घर की रखवाली करने लगा था। पुराना चौकीदार बहुत विश्वासपात्र था और बहुत पहले से घर की चौकीदारी कर रहा था। यही सोचकर सुधीर उसके बेटे को घर की रखवाली का जिम्मा सौंप निश्चिन्त हो गये थे।

लेकिन अब इस खबर ने उनकी चिन्ता बढ़ा दी थी। एक माह बाद बड़ी बेटी का विवाह निश्चित हुआ था। सभी लोग उसकी तैयारी में व्यस्त थे। इसलिए किसी तरह दो दिन का समय निकाल सुधीर ने मसूरी जाने का निश्चय किया।

और उसके बाद की घटना तो कल्याणी के मन में एक दुःस्वप्न की तरह छाई हुई है। दो दिन बाद जब कल्याणी सुधीर के आने की प्रतीक्षा कर रही थी तो उनके आने के स्थान पर मसूरी से एक फोन आया जिसमें उन्हें तुरन्त मसूरी आने को कहा गया था। कारण पूछने पर सिर्फ यही बताया गया कि अत्यन्त आवश्यक कार्य है तुरन्त चले आयें।

—क्या बात हो सकती है। सुधीर ने स्वयं फोन न करके किसी और से क्यों बात करवाई! वो जानते हैं कि अगले माह में ही अंकिता का विवाह है फिर भी वहाँ बुलाया।

इस सभी प्रश्नों को मन में लिए कल्याणी अकेली ही ड्राइवर के साथ मसूरी पहुँच गयी।

वहाँ पहुँचकर उसने जो सुना वो उसके होश उड़ा देने के लिए काफी था। सुधीर जेल में थे और उन पर चौकीदार की पत्नी से बलात्कार का इल्जाम था।

ये सुन कल्याणी एक पल को तो सन्न रह गई। अपने होशोहवास पर उसका नियंत्रण खो चुका था। पैरों ने जवाब दे दिया तो जहाँ खड़ी थी वहीं बैठ गई।

ड्राइवर ही किसी तरह उन्हें घर तक लेकर आया। कुछ देर में होश आया तो ड्राइवर से थाने चलने को कहा।

हमारे साहब तो देवता आदमी हैं मेम साहब। कोई गलतफहमी हुई होगी। ड्राइवर कल्याणी को सान्तवना देने का प्रयास कर रहा था।

लेकिन कल्याणी, क्या समझे और क्या करें। इतना घृणित आरोप। उसका मन भी कहता था कि कहीं न कहीं कोई गलती अवश्य हुई है। अभी पति से मिल लेगी तो सब पता चल जायेगा।

थाने पहुँची तो थानेदार ने एक स्त्री होने के नाते उनसे तो ठीक से बात की लेकिन वाणी की कटुता से व्यंग्य करने का कोई अवसर वो न चूका।

शराब के नशे में धुत थे। ऐसे में सही-गलत का ध्यान कहाँ रहता है। बेचारे चौकीदार की पत्नी...और उसने वाक्य अधूरा छोड़ गहरी साँस ली।

कल्याणी का मन हुआ धरती फट जाये और वो उसमें समा जाये। सुधीर और शराब के नशे में धुत। ये उसकी समझ से बाहर था।

लेकिन वो तो शराब...। कल्याणी बड़ी मुश्किल से इतना ही बोल पाई।

—अरे मेडम, जाने दीजिए, हर पत्नी अपने पति के ऐब छुपाने की कोशिश करती है। ऐसा नहीं होता तो ये नौबत नहीं आती। मेडिकल में पुष्टि हुई है अधिक मात्रा में शराब पीने की।

थानेदार लापरवाही से बोला और उसने पास खड़े कांस्टेबल को आवाज देकर कल्याण को सुधीर से मिलवाने को कहा।

सुधीर कभी-कभार शराब पी लिया करते थे ये बात कल्याणी के सिवाय किसी को भी मालूम नहीं थी।

ऑफिस में होने वाली पार्टियों में सबको यही पता था कि सुधीर पीते नहीं।

अगर एक बार लोगों को पता चल जाये कि शराब पीता हूँ तो पद की गरिमा भी कम होगी और लोग अपना काम करवाने के लिए भी इसका सहारा लेंगे।

सुधीर का ये कथन कल्याणी को उसके शान्त और निर्लोभी स्वभाव को पहचानने के लिए पर्याप्त था। हाँ घर में कभी-कभी एकान्त में सुधीर एक-आध पेग पी लेते जिसकी भनक उन्होंने कभी अपनी बेटियों को भी नहीं लगने दी।

लेकिन आज उन्हीं पर नशे में धुत होने का आरोप लगा था। उसका दृढ़ निश्चयी पति मसूरी की सुन्दर वादियों में पहुँचकर अपना संयम खो दे। ऐसा उसे विश्वास नहीं था।

तुम यहाँ क्यों आई हो। ये स्थान तुम्हारे आने के लायक नहीं। अपने ही विचारों में खोई कल्याणी सुधीर के पास पहुँची उसे तब पता चला जब उसने सुधीर की डूबती सी आवाज सुनी।

सुधीर मुँह फेरे खड़ा था।

-तो क्या यह जगह आपके रहने लायक है!-ये कहते-कहते कल्याणी की आँखों से आँसू बहने लगे।

कुछ देर तक दोनों के बीच शान्ति पसरी रही। कल्याणी समझ गई कि सुधीर बहुत बुरी तरह आहत हैं और ऐसे समय में उसे ही उसकी शक्ति बनना है।

उसने सुधीर के सारे घटनाक्रम के बारे में जानना चाहा लेकिन वो तो मानो पत्थर हो गये थे। थाने से निकल कल्याणी

सीधे अपने ससुर के मित्र के पास पहुँची। जिन्होंने सुधीर को फोन कर मसूरी बुलवाया था।

हाँ सुधीर परसों पहुँचते ही मेरे पास आया था और मैंने उसे यहाँ बुलाने का कारण बताया था। और उन्होंने जो कुछ बताया उसे कल्याणी समझ गई कि एक षड्यंत्र के तहत उसके पति को फँसाया गया है।

नया चौकीदार अपने पिता की तरह नहीं था। कुछ अपराधी और दबंग किस्म के लोगों से उसकी मित्रता थी। जब तक उसके पिता जीवित रहे तब तक ये सब नाजायज काम वो घर से बाहर रहकर ही करता, लेकिन उनकी मृत्यु के बाद अपने बुरे कार्यों के लिए उसे एक घर मिल गया था। रात्रि में वह घर को अपने मित्रों के लिए खोल देता जहाँ तरह-तरह के लोग आते। रात में पार्टियाँ चलतीं और भी न जाने क्या-क्या।

ये सब जानकर सुधीर यहाँ से चला गया था और आज सुबह अखबार देखकर तुम्हें फोन करवाया था। और उन्होंने एक स्थानीय अखबार उठाकर कल्याणी के सामने रख दिया।

मुखपृष्ठ पर मोटी सी हेडलाइन के साथ सुधीर का फोटो छपा था। अखबार ने उसे अय्याश, शराबी, पद का दुरुपयोग करने वाला और भी न जाने क्या-क्या लिखा था।

–बेटी उसके साथ कोई षड़यंत्र हुआ है, तुम उसके कुछ दोस्तों से बात करो। मैं यहाँ स्थानीय लोगों से बात करता हूँ।

–लेकिन अंकल, कोई महिला अपनी इज्जत लुटने का झूठा आरोप कैसे लगा सकती है।

कल्याणी संयम में थी। किसी भी महिला की इज्जत उसका सबसे बड़ा गहना होती है। उसका लुट जाना उसके लिए भयावह दु:स्वप्न से भी बढ़कर है। फिर कोई औरत ऐसा झूठ क्यों बोलेगी।

क्या बताऊँ बेटी। जब औरत ही पति के बुरे कार्यों की

साथी हो तो कोई क्या करे। और उन्होंने एक लम्बी साँस ली।

इससे पहले कि कल यह खबर राष्ट्रीय अखबारों में आये कल्याणी ने इस सम्बन्ध में अपनी बेटियों और सुधीर के खास मित्रों को सूचित करना उचित समझा।

अंकिता का रिश्ता सुधीर के पुराने मित्र के बेटे अंकुश से तय हुआ था। दोनों बच्चे बड़े हो गये तो अपनी मित्रता को उन्होंने रिश्ते में बदलना चाहा था। लेकिन अब कल्याणी शंकित थी। क्या इस बदनामी के बाद भी वो इस रिश्ते के लिए राजी होंगे।

इन्हीं सब शंकाओं से घिरी कल्याणी ने उसी समय बड़ी बेटी अंकिता और उसकी ससुराल वालों को सूचित कर दिया।

अंकुश और उसके पिता अगले ही दिन वहाँ पहुँच गये थे। अंकिता के विवाह के कारण सुधीर की जमानत भी हो गई। इस विपदा के समय ही कल्याणी को अच्छे-बुरे का पता चला था। कुछ लोग जो सुधीर के बहुत अपने बनते थे। इस विपत्ति की घड़ी में बात तक नहीं करना चाहते थे।

अंकुश और उसके पिता ने स्थिति की नजाकत को समझा और एक सादे समारोह में अंकुश और अंकिता का विवाह सम्पन्न हुआ। लेकिन इस घटना की काली छाया सर्वत्र नजर आई। कुछ रिश्तेदारों और मित्रों ने तो कुछ बहाना बनाकर विवाह में शामिल होना उचित नहीं समझा तो कुछ लोग शामिल होकर भी कटाक्ष करने से बाज नहीं आये।

और सुधीर! वो तो पत्थर हो गया था। बुत की भाँति उसने विवाह के सारे काम-काज निपटाए। काम के लिए अपने कमरे से बाहर आता, नहीं तो वो और उसका कमरा।

इसी बीच विभाग ने भी सुधीर के निलम्बन की कार्यवाही की संस्तुति कर दी थी। उधर मुकदमे की सुनवाई भी आरम्भ होने जा रही थी।

कल्याणी इससे पहले एक बार चौकीदार की पत्नी से मिलना चाहती थी। वो जानती थी, सुधीर इस बात की इजाजत कभी नहीं देंगे लेकिन फिर भी घर की देखभाल के बहाने कल्याणी बड़ी बेटी और दामाद को लेकर मसूरी चली आई।

दो दिनों में इन तीनों ने मसूरी स्थित कई पुराने मित्रों से मुलाकात की। कुछ लोग तो कन्नी काट गये और ज्यादा कुछ न बोले लेकिन फिर भी कुछ लोगों ने संकेत दिया कि चौकीदार की पत्नी तो मोहरा मात्र है। दरअसल इसके पीछे स्थानीय भू-माफिया का हाथ है। जिन के सिर पर कुछ भ्रष्ट व अय्याश सरकारी अधिकारियों व नेताओं का हाथ है। चौकीदार को कुछ पैसे देकर उन्होंने इस घर को अपनी अय्याशी का अड्डा बनाया हुआ था।

लेकिन चौकीदार की पत्नी तो अपनी बात पर अड़ी हुई थी। कल्याणी से पहले तो वो बात करने को ही तैयार नहीं हुई। लेकिन फिर बात की भी तो रो-रोकर अपना माथा पीटती रही।

हम गरीबों की कोई इज्जत नहीं होती क्या! अब क्या पूछने आई हैं आप हम से।

उसकी ये बात सुन कल्याणी वापस चली आई लेकिन इन दो दिनों में उन्हें बहुत सी जानकारी प्राप्त हुई थी। अब उन्हें इस जानकारी को सुबूतों में बदलना था। जिसके लिए अंकुश और उसके पिता हर सम्भव प्रयास कर रहे थे।

लेकिन इन सब प्रयासों को विफल करते हुए सुधीर ने मुकदमे की सुनवाई से पहले ही अपना फैसला सुना दिया था।

धाँय...एक गोली की आवाज हुई और फिर सब कुछ शान्त। कल्याणी चौंकी। एक बार फिर घड़ी की ओर देखा। चार बज चुके थे।

जिस आवाज ने उनकी तन्द्रा भंग की वो आवाज अभी नहीं

आई थी वो तो तीन वर्ष पूर्व हुए धमाके की आवाज थी जिसने सब कुछ शान्त कर दिया था।

–मुझमें इससे अधिक अपमान सहने की शक्ति नहीं। एक कागज के टुकड़े पर ये लिख सुधीर ने अपने लाइसेंसी रिवाल्वर से कनपटी पर गोली दाग अपने मुकदमे का अन्त कर दिया।

कल्याणी तो तब ही अपने जीवन का अन्त करना चाहती थी। लेकिन बच्चों के मन में आशा की किरण देख सुधीर का खोया हुआ सम्मान वापस लौटाने की इच्छा ने उसे जीवित रखा।

सरकार द्वारा मुख्य आरोपी की ही मृत्यु हो जाने पर केस बन्द कर दिया गया था। कुछ दिन शान्त रह दोनों बेटियों व अंकुश ने बीच-बीच में मसूरी जा तथ्यों का पता लगाने का प्रयास किया। इसके लिए अंकुश ने एक निजी जासूस व अपने एक वकील मित्र की भी सहायता ली। गुप्त कैमरों व टेप रिकार्डर से बातचीत रिकार्ड की गई।

इसी बीच एक बार कल्याणी ने चौकीदार की पत्नी से सुधीर की मृत्यु के बाद तो सच बोलने की गुजारिश की। सुधीर की मौत से वो इस कदर डर गई थी कि उसे लगता था सुधीर की आत्मा उसे कभी माफ नहीं करेगी। और उसके परिवार को इसका प्रकोप भुगतना होगा। इसी डर में उसने कल्याणी के पैर पकड़ लिये और अपने पति की कारगुजारियों का चिट्ठा बयान कर दिया। उसका पति उसका इस्तेमाल भी वहाँ आने वाले मेहमानों के लिए किया करता था।

उस दिन जब सुधीर ने वहाँ पहुँचकर उसके पति को डाँटा और मकान खाली करवा देने की धमकी दी तो उसने अपने मित्रों को इस बारे में बताया। प्रभावशाली लोगों के साथ मिलकर तुरन्त एक षड्यन्त्र रच दिया गया। शाम को ही उसके पति ने सुधीर से माफी माँग ली और आगे से कभी ऐसा न करने की सौगंध

ली। सुधीर के थके होने का बहाना कर उसके पति ने साग्रह उसे शराब के दो पेग पिला दिये और खाने में भी बेहोशी की दवा मिला दी।

सुधीर थका था और कुछ शराब और दवा का असर, थोड़ी ही देर में उसे गहरी नींद आ गई और उसके बाद अपनी योजना के तहत वो दोनों पति-पत्नी अस्त व्यस्त हालत में अपनी शिकायत ले थाने पहुँच गये।

मेम साहब। मेरे पति को पूरे एक लाख मिले थे इस काम के लिए। मुझे कहा गया था कुछ नहीं होगा, बस साहब को थोड़ा सा सबक सिखाना है, तुम्हारे पति को बेघर कर रहे हैं वो।

कल्याणी चुपचाप सुनती रही।

–और मैं मान गई। मुझे क्या पता था कि इस बात पर साहब की जान चली जाएगी। और वो सुबक-सुबक कर रोने लगी।

–इस बात को कोर्ट में कहोगी? मैंने सवाल किया।

–नहीं मेम साहब, वो मुझे, मेरे पति व बच्चे सबको मार डालेंगे। आपसे तो मैंने अपने मन का बोझ हल्का करने को कह दिया। वह बोली।

कोर्ट में गवाही देने के नाम पर वो सहम गई थी। लेकिन कल्याणी का काम हो चुका था।

तीन-चार महीने बाद जब कल्याणी ने इस केस को खुलवाने के लिए आवेदन किया तो उसे सगे-सम्बन्धियों के ताने सुनने पड़े।

मर के भी चैन से नहीं रहने दे रही उसे।

अरे अब क्यों उसकी मिट्टी खराब कर रही है।

ऐसी ही कई बातें कल्याणी को सुननी पड़ीं, लेकिन उसने हार न मानी।

तब से आज तक मुकदमे की सुनवाई चल रही थी। उनके द्वारा दिये गये सबूतों की जाँच भी पूरी हो चुकी थी। इस बीच कुछ और गवाह सामने आये थे। और अब पूरी उम्मीद थी कि फैसला सुधीर के पक्ष में ही होगा।

अब तक जितने भी गवाह सामने आये थे और जैसे-जैसे कल्याणी को इससे जुड़ी सच्चाई का पता चल रहा था वो सोचने पर मजबूर हो गई थी।

क्या इन्सान इतना स्वार्थी हो गया है कि कागज के चन्द टुकड़ों या अपनी मौज-मस्ती के लिए किसी हँसते-खेलते परिवार को उजाड़ दे। एक ईमानदार व कर्तव्यनिष्ठ व्यक्ति से उसका सम्मानजनक जीवन छीन ले। ये सब करते हुए क्या एक बार भी उनकी अन्तरात्मा नहीं काँपी होगी। क्या इस कलयुग में ईश्वर ने भी सच्चे लोगों का साथ देना छोड़ दिया है।

अपने मन से वो इस तरह के ढेरों सवाल करती, लेकिन जवाब कहीं न मिलता। आज अगर वो मुकदमा जीत भी जाते हैं तो क्या सुधीर का जीवन वापस लौट सकता है। पिछले कुछ वर्ष उन्होंने जिस घुटन और अपमान का घूँट पीकर काटे हैं, क्या उन वर्षों को कोई वापस दे पाएगा। उनकी छोटी बेटी जब स्कूल से लौटने के बाद फूट-फूट कर रोती थी और कारण पूछने पर कुछ न बताती तो कल्याणी उसके बिना कुछ कहे ही सब समझ जाती। इस घटना ने उसे भी समय से पहले बड़ा कर दिया था।

घण्टी बजी तो कल्याणी की तन्द्रा टूटी। अंकिता, अंकुश और छोटी बेटी अनुष्का, तीनों एक साथ चिल्लाये माँ हम जीत गये। और वे तीनों एक साथ कल्याणी से लिपट गये।

और कल्याणी, वो तो प्रस्तर हो चुकी थी। उसकी आँखों के आँसू भी अब तक सूख चुके थे। दोनों हाथ जोड़ उसने आसमान की ओर निहारा। मानो सुधीर से कह रही हो, देखा

तुम्हारे बच्चों ने तुम्हारा सम्मान वापस लौटा दिया। और फिर वह धीरे से सोफे पर बैठ गई।

अंकिता खुशी से सब कुछ सुना रही थी।

—माँ षड्यंत्र करने वाले सब लोगों को सजा होगी। माँ आखिर हम जीत गये।

लेकिन कल्याणी, उसकी तरफ से तो कोई प्रतिक्रिया ही नहीं हो रही थी।

—माँ तुम कुछ कहती क्यों नहीं। खुश नहीं हो क्या?

कहते हुए अनुष्का ने माँ को छुआ तो उनकी गरदन एक ओर को लुढ़क गई। लगा जैसे सुधीर को उसका सम्मान लौटने की सूचना देने कल्याणी खुद इस दुनिया से प्रस्थान कर उसके पास चल दी।

नशा

कहते हैं जवानी का गुमान, हमें मुगालतों की दुनिया में खींच ले जाता है। हम सपनों में उतरने लगते हैं। जमीनी हकीकतों से कतई अनजान, इन्हीं सपनों पर इतराने-इठलाने लगते हैं। सच्चाइयों से परे अपना बिलकुल अलग ही संसार गढ़ लेते हैं। और फिर भ्रम में जीते हुए पूरी तरह इसी में रम जाते हैं। आत्मग्लानि से भरे विनय को जवानी के सरूर में अपनी यही नादानियाँ आज बार-बार कचोट रही थीं। दीपिका से मुलाकात और फिर घर तक बढ़ी नजदीकियाँ। उनकी ओर से पावन-पहल और अपनी बचकानी सोच पर वह शर्मसार था।

पहला बुलावा था वह दीपिका के घर से। जिस गति से ऑटो सड़क पर दौड़ रहा था, उससे कहीं तेज गति विनय के मन

की थी। बगल में बैठी दीपिका लगातार कुछ बोले जा रही थी। ऑटो वाले को निर्देश दे रही थी और साथ ही सड़क की दुर्दशा पर उसका भाषण जारी था। लेकिन विनय को तो इससे कुछ लेना-देना नहीं था। ऑटो किसी गड्ढे पर उछलता तो उसे लगता उसका मन उछल रहा है। ऑटो अब गलियों से होकर निकल रहा था, पतली गलियों में जगह-जगह खड़े स्कूटर, साइकिल इत्यादि ऑटो की गति कम करते लेकिन इसका विनोद के मन की गति पर कोई असर न होता।

एक हल्के से झटके के साथ ऑटो रुका और साथ ही दीपिका की आवाज आई—उतरो, हमारा घर आ गया।

विनय ऑटो से उतर आया और दीपिका के साथ दरवाजे पर खड़ा हो गया। दरवाजा खुलने में थोड़ी देर हुई तो विनय का दिल धड़कने लगा। ऐसा लगा जैसे कोई इम्तहान देने जा रहा हो और इम्तहान भी ऐसा जिसमें पास होना जीवन-मरण का प्रश्न हो। विनय की धड़कन तेज हो गई। दीपिका से कुछ पूछना ही चाहता था कि तभी दरवाजा खुल गया, दीपिका की छोटी बहन ने दरवाजा खोला और विनय की ओर ध्यान से देखा।

लगता है यहाँ तो छोटे-बड़े सभी सदस्य उसकी परीक्षा लेने वाले हैं आज। विनय को सोफे पर बिठा दोनों बहनें अन्दर चली गईं। विनय ध्यान बँटाने के लिए इधर-उधर देखने लगा। छोटी सी लेकिन सुरुचिपूर्ण ढंग से सजायी गयी बैठक, साधारण फर्नीचर, दीवारों पर कुछ पेंटिंग्स जो शायद छोटी बहन मोनिका ने बनाई थी।

'माँ ये है विनय' तभी दीपिका माँ को लेकर कमरे में दाखिल हुई। विनय हाथ जोड़ कर उठ खड़ा हुआ। यही समय है अपनी छाप छोड़ने का। विनय ने मन ही मन सोचा।

आधा घण्टा वहाँ बैठ विनय वापस चला आया। दीपिका

की माँ ने उसे दोबारा आने को कहा तो उसका मन बल्लियों उछलने लगा। इसका मतलब वह उनको पसन्द आ गया है।

'बहुत खुश नजर आ रहा है। आज कॉलेज के बाद कहाँ गायब हो गया था तू?' हॉस्टल पहुचते ही दीपक ने ताना मारा।

लेकिन विनय अपनी खुशी को अभी मन में ही रखना चाहता था, इसलिए टाल दिया।

अभी पिछले वर्ष ही बी.टेक. की परीक्षा उत्तीर्ण कर उसने इस कॉलेज में एम.टेक. में प्रवेश लिया था। यों तो बी.टेक. करने के उपरान्त ही उसे नौकरी मिल रही थी लेकिन माता-पिता की इच्छा उसे उच्च शिक्षा दिलाने की थी।

नौकरी और पैसा कमाने के फेर में तुम आगे नहीं पढ़ पाओगे। उच्च शिक्षा का अलग ही महत्त्व होता है। पिता के इस कथन को स्वीकार कर विनय ने आगे पढ़ाई करना उचित समझा।

यहीं उसकी मुलाकात दीपिका से हुई जो बी.टेक. अन्तिम वर्ष की छात्रा थी। दोनों का एक ही विषय होने के कारण दीपिका कभी-कभी विनय से मार्गदर्शन ले लिया करती। लेकिन धीरे-धीरे विनय को लगने लगा था कि दीपिका सिर्फ पढ़ाई के कारण उससे मिलने नहीं आती। कभी-कभी वो ऐसे बेवकूफी भरे सवाल करती कि विनय को आश्चर्य होता कि ये एक मेधावी छात्रा द्वारा पूछा जा सकता है।

वहीं की निवासी होने के कारण दीपिका अपने घर में ही रहती और विनय हॉस्टल में। कालेज की लाइब्रेरी या लॉन में अक्सर मुलाकात होती और दीपिका कोई न कोई टॉपिक को पकड़ बहस आरम्भ कर देती। कई बार बात करते-करते विनय ने महसूस किया था कि दीपिका अपलक उसकी ओर ताक रही है और वो असहज हो उठता।

धीरे-धीरे दोनों की मुलाकातें बढ़ने लगीं, लेकिन चर्चा का

विषय पढ़ाई की वर्तमान हालत और कॉलेज के वातावरण से आगे न जा पाता। दीपिका विद्रोही स्वभाव की थी और अनुचित बात से समझौता नहीं कर सकती। इसलिए अक्सर वर्तमान हालात को लेकर उनमें बहस हो जाती। विनय जहाँ परिस्थितियों से समझौता करने की सलाह देता तो दीपिका उनसे लड़ना चाहती।

उनकी इस दोस्ती की चर्चा धीरे-धीरे कॉलेज में होने लगी थी और दबी जुबान साथ के लड़के विनय को चिढ़ाने भी लगे थे।

धीरे-धीरे विनय के मन में दीपिका के लिए कब कोमल भावनाओं ने जन्म ले लिया वो स्वयं भी नहीं समझ पाया। लेकिन दोनों में से किसी ने एक दूसरे से कभी इस सम्बन्ध में बात न की। कभी-कभी तो विनय को लगता वो गलत तो नहीं समझ रहा। एक पल दीपिका बहुत प्यार से बात करती तो दूसरे ही पल बहस पर उतर आती।

–माँ आपसे मिलना चाहती है। शाम को आप मेरे साथ घर चल रहे हैं।

–दो टूक शब्दों में दीपिका ने मानो अपना आदेश सुना दिया तो विनय को झुँझलाहट हुई।

–कैसी लड़की है। घर ले जाना चाहती है, वो भी आदेश देकर? मन में भावनाएँ उपजने लगें उससे पहले ही अपनी लट्ठमार भाषा से उन्हें कुचल कर रख देती है ये तो। लेकिन इस स्वभाव के बावजूद दीपिका उसे अच्छी लगती थी। मन की साफ, बिना किसी लागलपेट के अपनी बात कह जाती। अभी तक तो विनय को भी पता नहीं था कि उसके घर में कौन-कौन है। इतना पूछने का अधिकार कभी दिया ही नहीं उसने, न ही विनय से उसके बारे में पूछा।

–लेकिन क्यों?

–कह दिया ना, माँ मिलना चाहती है।

विनय समझ गया दीपिका ने जरूर उसके बारे में कुछ कहा होगा और माँ ने उसे देखने के लिए बुलाया होगा। मन ही मन खुश हुआ विनय। लेकिन नाराजगी दिखाना जरूरी था।

–अचानक ही! पहले मुझसे पूछ तो लिया होता कोई काम तो नहीं है मुझे शाम को।

–काम है तो रहने दो, अगली बार आपसे समय लेकर माँ को बताऊँगी।–दीपिका का मुँह फूल गया था और विनय उसको नाराज करने का जोखिम हरगिज नहीं उठा सकता था।

वहाँ पहुँचकर ही उसे पता चला कि दो वर्ष पहले दीपिका के पिता और भाई की सड़क दुर्घटना में मृत्यु हो गई थी। माँ को पिताजी की मिलने वाली पेंशन से घर चलाने में मुश्किल होगी तो दीपिका अपनी पढ़ाई के बाद ट्यूशन पढ़ाना शुरू कर दिया था। भाई जिन्दा होता तो इस समय लगभग विनय के ही बराबर होता। लेकिन तब से दीपिका ने घर-बाहर दोनों ही इस तरह संभाला कि माँ को कोई कष्ट न हो। लेकिन फिर भी पति और जवान बेटे की मौत से हुए कष्ट को न तो दीपिका दूर कर सकती थी, न कोई और।

दीपिका का एक और रूप विनय के सामने था। इतनी जिम्मेदार तो वो उसे कदापि नहीं समझता था। अभी तक तो उसके मन में दीपिका की छवि एक विद्रोही स्वभाव वाली प्रतिभाशाली लड़की की थी।

धीरे-धीरे विनय का दीपिका के घर जाना बढ़ता गया। दीपिका अक्सर माँ का बहाना कर उसे घर ले जाती और माँ विनय पर इतना प्यार उड़ेलती कि विनय को अपनी माँ की याद आने लगती।

विनय अब एक ऐसे मौके की तलाश में था जब दीपिका

से अपने मन की बात कह सके।

अगले वर्ष तक दीपिका अपना बी.टेक. पूरा कर लेगी और वो एम.टेक.। नौकरी लगने के बाद वो विवाह के बारे में सोच सकते हैं। इस बार घर जाएगा तो माता-पिता से भी इस सम्बन्ध में बात कर लेगा।

लेकिन इस बीच कुछ ऐसा घटित हो गया कि विनय दुविधा में पड़ गया।

–कल माँ ने आपको बुलाया है।

–लेकिन क्यों?

–मुझे क्या पता! माँ से ही पूछ लेना।

दीपिका का यह स्वभाव कभी-कभी विनय को आहत कर जाता। एक बार तो उसका मन हुआ न जाये, लेकिन मन के वशीभूत होकर अगले दिन शाम को वो घर पहुँच ही गया।

–बहुत देर कर दी बेटा। मैं तो कब से तुम्हारा इन्तजार कर रही थी।–माँ का स्नेही स्वर सुन उसका गुस्सा ठण्डा हो गया।

और उसके बाद जो कुछ घटा वो अप्रत्याशित हुआ। थोड़ी ही देर में दीपिका और मोनिका पूजा की थाली लेकर उसके सामने बैठ गई। थाली में रोली-टीका के साथ साथ राखी के धागे भी रखे थे।

विनय को लगा जैसे वो सपना देख रहा हो। ये कैसा खेल खेला जा रहा है उसके साथ।–क्या सोच रहे हो बेटा।–उसके कानों में माँ की आवाज पड़ी।

–दीपिका कहती थी बिल्कुल भैया की तरह है तो मुझे यकीन नहीं आता था, लेकिन बेटा तू पहली बार जिस दिन घर आया मुझे लगा मेरा किशन सामने बैठा है। वैसा ही चेहरा, वहीं आदतें, और उसकी आँखों से आँसू बहने लगे।

विनय तो जैसे समाधिस्थ हो गया था। सुनकर भी कुछ

सुनने की स्थिति में नहीं था वो।

—दीपिका को तू जानता है। कितनी अक्खड़ स्वभाव की है, लेकिन तुझे देखकर वो भी...।

तो दीपिका इसलिए उसके नजदीक आई थी और वो बेवकूफ कुछ और ही समझ बैठा। अब क्या करे वो? क्या कह दे कि उसे किसी का भाई नहीं बनना। वो तो प्यार करता है दीपिका से! बहुत कुछ सोचा विनय ने लेकिन कह न पाया। मोनिका और दीपिका ने उसके हाथ में राखी बाँधी और उसका मुँह मीठा कराया वो बुत बना सब कुछ करता गया।

उसको ये क्यों नहीं याद था कि आज रक्षाबंधन है। शायद इसलिए भी कि उसके कोई बहन नहीं थी। इसलिए इस त्योहार की महत्ता को कभी नहीं समझा उसने।

माँ ने शाम को भोजन कर जाने का आग्रह किया तो चुपचाप मान लिया उसने। घर के सभी लोग बहुत खुश नजर आ रहे थे। विनय को चुप देख मोनिका ने दो बार उसकी उदासी का कारण पूछा भी, लेकिन विनय के पास कोई जवाब होता तो वो देता।

हॉस्टल वापस आया तो देखा दीपक कमरे में नहीं था। चुपचाप बत्ती बुझाकर लेट गया। क्या सोचा था उसने और क्या हो गया। अब क्या करे वो? क्या कल दीपिका का सामना कर पायेगा वो?

एक मन हुआ कि कल से दीपिका से मेलजोल कम कर दे। दीपिका ने उससे जो पवित्र रिश्ता बनाया है क्या उसकी गरिमा बनाये रख पायेगा वो? अगर इसके बाद किन्हीं कमजोर क्षणों में दीपिका के प्रति उसका मन पुराने विचारों में चला जाय तो अपने आप को कभी माफ नहीं कर पायेगा वो। वैसे भी कुछ महीने और हैं यहाँ पर, किसी तरह से काट लेगा और फिर कभी इस शहर

में लौट कर नहीं आयेगा। हाँ यही ठीक रहेगा।

लेकिन दूसरे ही पल उसे दीपिका, मोनिका और उनकी माँ की आँखों में तैरता हुआ अगाध स्नेह याद आ गया।

–किशन जिन्दा होता तो तेरे ही बराबर होता बेटा। तेरी बातें, तेरा चेहरा–मोहरा मेरे किशन से इतना मिलता है कि तुझे खुद भी यकीन नहीं होगा–और माँ अन्दर से किशन का फोटो उठा लाई थी।

मां की आँखों से आँसू बह रहे थे और अपने आप को कभी कमजोर साबित न होने देने वाली दीपिका दूसरे कमरे में चली गई थी।

इतने प्यार भरे रिश्ते को क्या वो अपनी एक छोटी सी कमजोरी के कारण गँवा दे। आजकल के वातावरण में जहाँ अपने खून के रिश्ते ही दगा दे जाते हैं उस समय में ऐसा पवित्र रिश्ता बनना उसकी खुशकिस्मती होगी।

दोनों स्थितियों पर सोचते-सोचते विनय को न जाने कब नींद आ गई। सुबह उठा तो मन में दृढ संकल्प था। मन ही मन लिये गये निर्णय से वह स्वयं को हल्का महसूस कर रहा था।

आज रविवार होने के कारण छुट्टी का दिन था। सुबह जल्दी तैयार होकर बाजार से होते हुए विनय सीधे दीपिका के घर पहुँच गया। विनय को घर पर देख परिवार के सभी सदस्यों के चेहरों पर खुशी की लहर दौड़ गयी।

कल तो उसे पता ही नहीं था मेरी बहनें रक्षाबन्धन पर मुझे अपने प्यार का इतना खूबसूरत रिश्ता तोहफे में देने वाली हैं। मैं तो कल खाली हाथ ही चला आया था। और ये कहते हुए उसने अपने हाथ में रखे दोनों पैकेट मोनिका के हाथ में रख दिये।

'इसकी जरूरत नहीं थी बेटा, रिश्तों की गहराई तोहफों से नहीं मापी जाती, ये तो मन से बनते हैं।'

'ठीक कह रही हैं माँ!' आपको पहली बार देखा था तो भैया की बहुत याद आई थी। माँ से कहा तो उन्होंने आपसे मिलने की जिद की। ये रिश्ता हम आप पर थोपना नहीं चाहते थे, लेकिन...।' ये दीपिका थी।

'ऐसा मत कहो। मुझे तो दो बहनें मिल गईं और साथ ही एक प्यारी माँ।' विनय के शब्दों में दृढ़ता थी और साथ ही मन में बदलते हुए रिश्तों का अहसास। वह आत्मग्लानि से भरा था। उसका सारा गुमान बिला गया। जवानी का जो नशा उस पर चढ़ा था, वो काफूर हो गया।

जैसी करनी वैसी भरनी

चारों तरफ घना अन्धकार और उसे चीरती हुई थोड़ी-थोड़ी देर के अन्तराल के बाद बिजली की चमक वातावरण को डरावना बना रही थी। ऊपर से बिजली के कड़कने की आवाज के साथ मूसलाधार बारिश स्थिति की भयावहता को और बढ़ा रही थी। यों तो गाँव में सुबह से ही रुक-रुककर बारिश हो रही थी लेकिन शाम होते-होते बरसात ने प्रचण्ड रूप धारण कर लिया था।

सांझ ढलने से पहले ही लोग मवेशियों को सुरक्षित स्थान पर बाँधकर अपने-अपने घरों में दुबक गये। बिजली तो वैसे भी कम ही आती थी लेकिन आज तो उसकी सम्भावना न के बराबर थी। इसलिए अँधेरा होने से पहले लालटेन, लैम्प आदि साफ कर तेल से भर दिये गए।

साँझ ढलते ही गाँव में सन्नाटा पसर गया। रामसिंह भी आज सारे दिन घर में रह गये। बारिश की वजह से शाम को बाहर भी नहीं निकल पाये। दिन ढलने से पहले वह थोड़ी देर बाहर निकल जाते तो समय कट जाता। पर आज वह चुपचाप रसोई में पत्नी व बहु के साथ बैठ गये।

सालों बाद हो रही है आज ऐसी बारिश। लगता है इस बार कुछ न कुछ कहर बरपाती ही जाएगी। रामसिंह ने बात छेड़ी।

कमला बोली–मैंने तो अपनी जिन्दगी में ऐसी बारिश नहीं देखी। जिनके कच्चे घर हैं, वे बेचारे न मालूम कैसे रह रहे होंगे। उसका ध्यान गाँव के उन तमाम गरीब परिवारों की ओर था जो कच्चे मकानों में रह रहे थे। यूँ तो गाँव के सारे मकान मिट्टी-पत्थरों से बने हुए हैं। ऊपर से पटालों (पत्थर) की छत। लेकिन धीरे-धीरे समय के साथ-साथ साधन सम्पन्न हुए लोगों ने अब सीमेंट से पक्के करवाकर उन पर टिन की छतें डाल दीं।

कमला रामसिंह के इकलौते बेटे कमल की विधवा थी। जरूरत से ज्यादा लाड़-प्यार ने कमल को बिगाड़ दिया था। धीरे-धीरे वह कुसंगति में पड़ गया। इलाके की आपराधिक गतिविधियों में उसका नाम भी सुनाई देने लगा।

घर-परिवार की जिम्मेदारी सर में पड़ेगी तो खुद ही लाइन पर आ जायेगा। यही सोचकर वह उसकी शादी की जुगाड़ में लग गये। पर आसपास के गाँव वाले उसकी करतूतें जानने लगे थे। कोई अपनी लड़की देने को राजी नहीं हुआ। आखिरकार रो-धोकर किसी तरह दूर के एक गाँव की लड़की से उसका विवाह हो गया।

लेकिन कुसंगति और अपराध का घुन जो एक बार लगा, वह कमल की जान लेकर ही गया। दो अपराधी गुटों की आपसी लड़ाई में जब उसकी जान चली गई तो उसकी शादी को

जुमा-जुमा दो वर्ष ही हुए थे और तकदीर का ऐसा खेल कि कमला माँ भी नहीं बन पाई थी।

बेटी अब यहाँ क्या करे , दुखी माँ-बाप उसे वापस ले जाना चाहते थे। सास-ससुर कुछ कह भी नहीं सकते थे। आज उसकी यह हालत के लिए वही जिम्मेदार थी। यह जानते हुए भी कि बेटा हाथ से निकल गया है, उन्होंने परायी बेटी की जिन्दगी बर्बाद कर दी। यह अपराधबोध उन्हें खाए जा रहा था।

लेकिन इकलौते बेटे की मौत से बिलकुल ही टूट चुके सास-ससुर को कमला इस हालत में छोड़ने को कतई इच्छुक नहीं थी। उसने यह बात साफ-साफ अपने माँ-बाप को भी बता दी। रामसिंह और उनकी पत्नी भी उसे बहू नहीं अपनी बेटी ही मानते थे। अपने व्यवहार से कमला घर की ही नहीं पूरे गाँव की दुलारी थी। यहाँ उसे लगता ही नहीं था, वह मायके में नहीं ससुराल में रह रही है। घर में बस ये तीन ही प्राणी थे। आज वह जल्दी ही खाना-पीना कर सोने चले गए।

कमला को अभी नींद आई ही थी कि गाँव के एक छोर से चीख-पुकार सुन वह जाग गई, पर टिन की छत में पड़ रही तेज बौछारों के शोर से कुछ साफ़ सुनाई नहीं पड़ रहा था। पर यह तय था कि कोई बुरी तरह चिल्ला रहा। ध्यान से सुनने पर कमला को ये आवाज दाताराम के घर से आती सी प्रतीत हुई।

सिरहाने पर रखी टॉर्च उठाकर उसने दीवार पर लगी घड़ी की ओर देखा। रात का एक बज रहा था। टॉर्च जलने से बगल में लेटी सास की नींद भी खुल गई।

माँ जी! दाताराम के घर से आज बड़ी रोने-धोने की आवाज आ रही है। घबराते हुए उसने सास से कहा।

उसकी बात अभी पूरी भी नहीं हुई थी कि सास गाली-गलौज पर उतर आई–

अरे सत्यानाश हो इसका। इस बारिश में भी चैन नहीं है उसे। दारू ज्यादा पी मरा होगा। इस बारिश में भी न जाने कहाँ से पीकर आ गया। मर भी नहीं सकता ये। बच्चों का तो जीना हराम कर दिया है उसने। मरने दे साले को। सो जा।

गाँव की दूसरी छोर पर रहता था दाताराम। साथ में पत्नी थी और तीन बच्चे। मरम्मत के अभाव में मकान बहुत ही जर्जर हो चला था। कहते हैं बड़ा हुनरमंद मिस्त्री था वह अपने जमाने में। पत्थर मिट्टियाँ जोड़कर वह ऐसी दिवाल खड़ी करता लोग देखते रह जाते लेकिन पीने की लत ने सब कुछ चौपट कर दिया। जो भी कमाता उसे पीने में गँवा देता। सुबह-शाम बस दारू ही दारू। खाना वह खाता नहीं था, इसलिए अब बीमार भी रहने लगा। पर दारू नहीं छूट रही थी। पीकर हंगामा करना उसकी रोज की आदत बन गई।

इधर घर में फांके पड़ने लगे तो पत्नी ने गाँव वालों के खेतों में मजदूरी करना शुरू कर दिया। वहाँ से जो मिल जाता उससे वह बच्चों का पेट पालती। उसके बाद भी दाताराम रात को पीकर घर आता और मारपीट करता।

उसकी इन हरकतों से गाँव का कोई भी आदमी उससे सहानुभूति नहीं रखता। आज उसके घर से चीखने-चिल्लाने की आवाज आने पर इसीलिए कमला की सास भी बिफर पड़ी।

सास की बातें सुन कमला लेट तो गई लेकिन उसकी नींद उड़ गई थी। उसे बार-बार लगता जरूर कुछ अनहोनी हो गई है। उसका मन न माना। उसने किसी तरह सास को मनाया, और उसे बाहर ले आई। फिर उन दोनों ने आस-पड़ोस के लोगों को भी जगा डाला। पर सभी कमला को समझाने लगे–

तू जानती है बेटा उसकी करतूतें। ये तो उसके रोज का ही ड्रामा है। तूने बिलावजह सबकी नींद खराब कर दी। पड़ोस के ही एक चचिया ससुर बोले–बेटा ये हो-हल्ला तो उसका रोज का ही

है। पर इस बीच आवाज कुछ साफ आने लगी तो उन्होंने शान्त होकर सुना। दाताराम दहाड़ मारकर बोला–वे आनन-फानन में उसके घर की ओर दौड़े। वहाँ का हाल देख सबके होश उड़ गए।

उफनाते बरसाती नाले में उसका सारा मकान मटियामेट कर दिया था। वह और उसका बड़ा बेटा मलवे में दबे चिल्ला रहे थे। लेकिन पत्नी और दो छोटे बच्चों का कोई अता-पता नहीं था।

दाताराम याचक बना उनसे गिड़गिड़ाने लगा। किसी तरह उन दोनों को तो निकाल लिया गया पर तेज बारिश के चलते औरों को ढूँढ़ना मुश्किल हो गया। बस एक ही चारा था सुबह होने का इंतजार किया जाय। पर अगली सुबह दाताराम के जीवन में तूफान लेकर आया। उसकी पत्नी और दोनों बच्चों के शव मकान के मलवे से तीन-चार सौ मीटर दूर दबे पड़े मिले।

दाताराम के होश फाख्ता हो गए। इस हादसे के लिए वह खुद को ही जिम्मेदार ठहरा रहा था। बोला–घर की तरफ तो मेरा ध्यान ही नहीं था। वरना आज ये नौबत नहीं आती। साथ ही गाँव वालों का वह शुक्रिया अदा कर रहा था कि उन्होंने उसे और उसके बेटे को बचा लिया। फिर वह बुदबुदाने लगा–अच्छा होता ये शराबी ही मर जाता। पर होनी को कौन टाल सकता है। लोग भी आपस में फुसफुसा रहे थे।

रामसिंह मुँहफट आदमी थे। उन्होंने साफ कह दिया–

जितना दाताराम इस हादसे का दोषी है, उतने ही हमलोग भी। दरअसल हमें शुरू में ही उन लोगों को रोक देना चाहिए था जो गाँव का नाला कब्जा रहे थे।

असल में बात ये थी कि गाँव के बीच से होकर एक बरसाती नाला बहता था। वो यहाँ के कुछ तिकड़मी लोगों ने कब्जिया लिया। यह नाला सालभर तो सूखा रहता पर बरसात में उफन उठता। लेकिन इधर यह कई सालों से सूखा ही पड़ा था।

पहले जैसी बारिश भी अब कहाँ रही। अब तो बरसात में भी इसमें मामूली ही पानी रहता। लोगों ने यहाँ कब्जा कर इसका मुँह दाताराम के घर की ओर मोड़ दिया। उसे कुछ होश रहता नहीं था, बस पूरे दिन नशे में ही धुत रहता। उसी वजह से आज यह नौबत आ गई।

इधर हादसे से हरकत में आए आपदा प्रबंधन के तार से सरकारी अमला गाँव आ धमका। तब-तक गाँव वाले खुद ही दाताराम व उसके बेटे को पंचायत भवन के एक कमरे में टिकाने का फैसला ले चुके थे। वह आपस में बतियाते–यह तो अस्थायी व्यवस्था है। आगे क्या होगा। उसका मकान तो गया ही, जो थोड़ी बहुत जमीन थी वह भी बह गई। मौके पर बचा तो सिर्फ मलबे का ढेर और लम्बी गहरी खाई। अब क्या करें! बसाना उसे कहीं न कहीं था ही। यह नई उलझन आ खड़ी हुई उनके सामने।

यही सवाल यहाँ भी उठ खड़ा हुआ। मौका मुआयना पूरा हुआ तो एक अधिकारी बोला–आप जमीन का इंतजाम करो, मकान बनाने का पैसा आपदा राहत कोष से दिलवा दिया जाएगा।

दातारात गाँव वालों का मुँह ताकने लगा। जमीन के नाम पर एक इंच का टुकड़ा भी नहीं था उसके पास। सारी जमीन तो वह शराब में लुटा चुका था। अपनी इसी करतूत से आज वह बड़ा लज्जित था। किसी से मदद को कहे भी तो कैसे!

गाँव वाले भी चुप थे। वह जानते थे दाताराम के पास अब घर बनाने के लिए कहीं जमीन ही नहीं है। गाँव में कई लोग ऐसे थे, जिनके पास कई नाली जमीन थी और उसमें अच्छी-खासी बंजर भी।लेकिन कोई उसे सिर छुपाने तक की जमीन देने को राजी नहीं था। थोड़ी देर वहाँ सन्नाटा पसरा रहा।

तभी भीड़ से आवाज आई–

मैं दूँगा दाताराम को जमीन। साहब आप घर बनाने के लिए

पैसा मंजूर करवाइए।

सुनते ही सभी लोगों की आँखें उधर घूम गईं।

ये रामसिंह की आवाज थी। वह आगे बोले–मेरी बेटी कमला की इच्छा है कि उसे रहने लायक जमीन मुहैया करा दी जाय। लेकिन उसकी एक शर्त भी है। वह दाताराम की ओर मुड़कर बोले–

तुम आज से फिर कभी शराब नहीं पिओगे। सब लोग ठहाका मारकर हँस पड़े।

दाताराम की आँखों में आँसू आ गए। अपराधबोध से ग्रसित वह पहले ही शराब न छूने की कसम खा चुका था। उसने रामसिंह के पाँव पकड़ लिए। बोला–अब जिंदगी में कभी शराब नहीं छुऊँगा।

आज इस घटना को पूरा साल होने आया है। उसने वाकई शराब नहीं छुई। उसका मकान बनकर तैयार हो चुका है। बेटा भी अब स्कूल जाने लगा है। यह सब देखकर भी बहुत खुश है। आखिर उसकी छोटी सी कोशिश से किसी को नया जीवन तो मिला।

लालच बुरी बला

पाँव उतने ही फैलाओ जितनी चादर हो। भरत सिंह को इस दर्शन का मर्म पहले समझ में आ गया होता, तो आज यह नौबत नहीं आती। गुजर-बसर तो कम से कम हो ही रही थी। बच्चे पल-बढ़ रहे थे। पर अचानक आकाश छूने की ख्वाहिश ने सब कुछ कबाड़ कर दिया। करनी तो अब भरनी ही पड़ेगी।

भरत सिंह खाने का पहला कौर मुँह में डालने ही जा रहा था कि दरवाजे पर जोर-जोर से थपथपाहट हुई। वह भोजनावकाश पर अभी-अभी ऑफिस से घर आया ही था।

'तुम खाना खाओ मैं देखती हूँ।' पत्नी ने आगे बढ़ ज्यों ही दरवाजा खोला, भरत सिंह की निगाह खुले दरवाजे के बाहर खड़े पुलिस वालों पर पड़ी।

'भरत सिंह कौन है? उसे अभी थाने चलना होगा हमारे साथ।' सिपाही की कड़क आवाज सुनकर दोनों ही सहम गये। खाने का कौर जो मुँह में डाल लिया था, न निगलते बना न उगलते। पानी की घूँट से उसे गले के नीचे उतारकर भरत सिंह बाहर आ गया।

'साहब मेरा कसूर क्या है?' पुलिस को देख उसकी हालत खराब थी।

'बैंक से धोखाधड़ी पर लोन लिया था तूने और वापस भी नहीं किया, पूछता है क्या कसूर है। वसूली की रिपोर्ट करवाई है बैंक वालों ने। हमारे साथ चलो।'

यह कहते हुए पुलिस वाले उसे अपने साथ ले गये। पत्नी लीला जहाँ खड़ी थी, खड़ी रह गई। चारों ओर जैसे अँधेरा छा गया। क्या होगा अब? कैसे पलेंगे चार-चार बच्चे?

लीला के सामने तीन-चार साल पहले का घटनाक्रम चलचित्र की तरह घूमने लगा।

भरत सिंह एक सरकारी दफ्तर में ड्राइवर था। घर-गृहस्थी ठीक-ठाक चल रही थी। पर अचानक न जाने किसने उसके दिमाग में भर दिया कि इस छोटे वेतन से कब तक गुजारा करोगे। नौकरी के साथ कुछ और काम क्यों नहीं पकड़ते, जिससे आमदनी बढ़े।

'तुम तो अच्छे ड्राइवर हो, क्यों न एक जीप खरीद लेते। पहाड़ों पर तो अच्छी माँग है आजकल इसकी', एक सहकर्मी तीरथ सिंह ने सलाह दी। साथ ही उसकी एक-एक शंका का समाधान भी कर दिया। उसके पास जैसे भरत सिंह की सभी शंकाओं के रेडीमेड उत्तर थे।

'लेकिन पैसा कहाँ से आयेगा?' भरत सिंह के मन से संशय के बादल अभी भी छँटे न थे।

'अरे, बैंक से लोन दिलवा देंगे, किश्त देने के बाद भी पैसा बच जायेगा।'

अब भरत सिंह किसी सेकिण्ड हैण्ड जीप की तलाश में जुट गया।

कुछ दिनों की भाग-दौड़ के बाद एक ठीक-ठाक जीप मिल ही गई। मालिक सवा लाख माँग रहा था।

'आप तो सरकारी कर्मचारी हैं, व्यावसायिक वाहन के लिए आपको ऋण नहीं मिल सकता और वैसे भी वाहन बहुत पुराना है। कुछ नहीं हो सकता।' बैंक मैनेजर के मुख से यह सुनकर भरत सिंह निराश हो गया।

'साहब पर्सनल लोन ही दे दो, मैं तो सरकारी कर्मचारी हूँ। हर महीने चुका दूँगा।' अपनी जानकारी के अनुसार भरत सिंह ने दूसरा विकल्प सामने रखा और वेतनपर्ची मेज पर रख दी।

'तुम्हारा वेतन बहुत कम है। इतने में पर्सनल लोऩ नहीं मिलता।' कहकर वह अपने काम में व्यस्त हो गया।

भरत सिंह को अपना यह सपना चूर-चूर होता नजर आ रहा था। उसकी आँखों के आगे विगत कई दिनों से जीप ही घूम रही थी। वह सपने देखने लगा। कभी वह अपने बच्चों को जीप में बिठाकर घूमने जा रहा है तो कभी उसका ड्राइवर उसे जीप की कमाई लाकर दे रहा है। उसकी दरिद्रता तो जैसे अब बीते समय की बात बन चुकी थी।

उस जीप की कमाई से फिर वो एक नई जीप लेगा फिर एक और, और बस यही क्रम चलता रहेगा।

लेकिन उसके इस स्वप्न को तो बैंक मैनेजर ने एक झटके में ही तोड़ कर रख दिया था।

उसकी उदासी को भाँप साथी तीरथ सिंह ने पूछा–

'क्यों, गाड़ी नहीं देखी अब तक क्या?'

भरत सिंह ने बैंक की सारी कहानी बयाँ कर दी।

'अरे तुझे किसने कहा था अपने आप बैंक जाने को? मैं किसी को जानता हूँ जो तेरे सारे कागज बनवा देगा और बैंक मैनेजर से लोन भी पास करवा देगा। कल मैं तुझे उससे मिलवा भी दूँगा। पर कुछ खर्चा आयेगा।' तीरथ सिंह ने उसकी नादानी पर उसे डपटते हुए कहा।

फिर एक दिन तीरथ सिंह ने उसे खुश-खबरी दी कि उसका एक लाख का ऋण स्वीकृत हो गया है। अगले ही दिन दस्तावेज पूर्ण कर उसे ऋण मिल जायेगा।

यह सुनते ही रात काटनी मुश्किल हो गयी उसके लिए। अगले दिन सुबह-सुबह पति-पत्नी दोनों उत्साह से भरे बैंक जा पहुँचे। तीरथ सिंह उनके साथ था। पति-पत्नी दोनों से कुछ कागजों पर हस्ताक्षर करवा कर मैनेजर ने अगले ही दिन पैसे ले जाने को कहा। साथ में यह भी समझाया कि सारे पैसे एक साथ न ले जायें।

भरत सिंह के पैर जमीन पर नहीं पड़ रहे थे। अगले दिन सुबह नौ बजे ही भरत सिंह बैंक पहुँच गया।

'घर में कोई काम नहीं है क्या? पता नहीं कहाँ से चले आते हैं सुबह-सुबह। बाहर साफ-साफ लिखा है दस बजे खुलेगा बैंक।'

सुरक्षाकर्मी ने झिड़का तो भरत सिंह का मन हुआ भिड़ जाए उससे, लेकिन आज वह किसी से लड़ना नहीं चाहता था।

'माफ करना भाई, मेरी घड़ी खराब है' और मुस्कुराते हुए भरत सिंह बैंक खुलने की प्रतीक्षा करने लगा।

अपनी पास बुक को उसने दो-तीन बार उलट-पलट कर देखा, हाँ एक लाख, पूरे एक लाख जमा हुए थे उसके खाते में। आज वह पचास हजार ही निकालेगा, बयाना देकर गाड़ी ले

आयेगा। सब कुछ ठीक-ठाक हुआ तो बाकी पैसे कुछ दिन बाद ले जाकर उसे दे देगा। शेष रकम उसने अपने फण्ड से निकालने के लिए आवेदन कर दिया था।

शाम को जब भरत सिंह गाड़ी चलाकर घर पहुँचा तो बीवी-बच्चों के साथ ही पास-पड़ोस के बच्चे उसे घेरकर खड़े हो गए।

'अरे हाथ मत लगाओ, चलो दूर हटो।' बच्चों को प्यार भरी झिड़की देता हुआ भरत सिंह घर के अन्दर प्रवेश कर गया। हाँ बाजार से मिठाई का डिब्बा लाना वह नहीं भूला था।

आठ-दस दिन गाड़ी की देख-परख में ही निकल गये। बाकी रकम लेने के लिए भरत सिंह चेक भर कर काउण्टर पर खड़ा हो गया।

'आपके खाते में पैसे नहीं है।' कहकर कैशियर ने पासबुक वापस कर दी।

'नहीं...नहीं आपको गलत-फहमी हुई है। आप दोबारा देखिये मेरे खाते में इक्यावन हजार रूपये बाकी हैं।' फिर मन ही मन बुदबुदाया, 'कैसी लापरवाही से काम करते हैं ये कर्मचारी भी।'

लेकिन कैशियर ठीक कह रहा था। तीन दिन बाद ही उसके खाते में पचास हजार रुपये निकाल लिये गए थे। बदहवास सा भरत सिंह मैनेजर के पास जा पहुँचा।

'तुम्हारा लोन पचास हजार का ही हुआ है। तुम्हें उसी की किश्त देनी है। बाकी हमने लोन में जमा कर दिया।' बैंक मैनेजर ने रुखाई से कहा तो अपना छोटा सा मुँह लिये भरत सिंह बाहर निकल आया।

अब फण्ड से पैसा जल्दी से मिल जाये, इसके लिए उसने उच्च अधिकारियों की विनती आरम्भ की।

किसी तरह से पूरे पैसों का भुगतान कर जीप घर में आ गई और चलाने के लिए ड्राइवर के हवाले कर दी गई। गाड़ी पुरानी तो हो ही गई थी, कभी कुछ खराब तो कभी कुछ। कभी ड्राइवर ही झूठ बोल देता।

किसी तरह से ड्राइवर का खर्चा और बैंक की किश्त ही दे पा रहा था वह, कभी तो वो भी छूट जाती। ड्राइवर नहीं आता तो भरत सिंह को ही ऑफिस से छुट्टी लेनी पड़ती। जिससे उसकी गैर हाजिरी भी बढ़ रही थी और अधिकारी भी उसके काम से खुश नहीं रहते।

इसी तनाव ने उसके स्वास्थ्य पर भी बुरा असर डाला और अब कुछ खर्चा दवाइयों का भी बढ़ गया। गाड़ी को बेचने की कोशिश करता तो इतनी पुरानी जीप का कोई खरीददार भी नहीं मिल रहा था।

ऐसे ही तीन वर्ष बीत गए। भरत सिंह की जब स्थिति ठीक होती तब किश्त जमा हो जाती वरना नहीं। इस बीच बैंक से उसका कोई सम्पर्क भी नहीं हुआ था।

तीन माह पूर्व अचानक उसे बैंक की तरफ से वकील का नोटिस मिला। उसमें बैंक की बकाया राशि जो लगभग एक लाख की ही थी को पन्द्रह दिनों के भीतर जमा करने, अन्यथा कानूनी कार्यवाही किये जाने का उल्लेख था।

नोटिस मिलते ही पति-पत्नी दोनों भागे-भागे बैंक पहुँचे। मैनेजर की कुर्सी पर कोई दूसरा व्यक्ति विराजमान था। नये मैनेजर ने पहले तो बहुत रुखाई से बात की। फिर बोला-

'लोन लिया है तो वापस तो करना ही पड़ेगा।'

लेकिन जब उन्होंने पचास हजार की स्वीकृति की बात उन्हें बताई तो उन्होंने सारे दस्तावेज मँगवा लिये।

दस्तावेज देखे तो भरत सिंह और लीला दोनों की हवाइयाँ

उड़ गईं। राशन कार्ड से लेकर फोन का बिल, वेतन पर्ची सब जाली थे। जब उसने ऋण लिया था, तब तो उसका वेतन इतना था ही नहीं।

'आप कौन से स्कूल में पढ़ाती हैं।' मैनेजर ने लीला से पूछा।

'मैं...जी कहीं नहीं। मैं तो इतनी पढ़ी-लिखी ही नहीं।

'आपके तो सारे दस्तावेज जाली हैं। यहाँ तो लिखा है कि आप टीचर हैं। कहाँ से बनवाए ये कागज?'

'जी मुझे तो नहीं पता। मेरे विभाग में एक तीरथ सिंह था, उसने ही मुझे किसी से मिलवाया, सारे कागज उसी ने तैयार किये।' भरत सिंह मासूमियत से बोला।

'लेकिन ये पैसे तो तुमने स्वयं निकाले हैं। देखो चैक पर तुम्हारे हस्ताक्षर।'

'लेकिन साहब ये चैक तो मुझसे लोन की गारण्टी के तौर पर हस्ताक्षर करवाये गये थे।'

'अब इसका कोई प्रमाण नहीं है कि पैसे आपने निकाले या किसी और ने।' बैंक मैनेजर बोला।

इतना सुनते ही भरत सिंह की आँखों के आगे अँधेरा छा गया। इसका मतलब उसके खाते से पचास हजार रुपये मैनेजर और एजेण्ट ने निकालकर आपस में बाँट लिये!

पुराने मैनेजर के बारे में पूछा तो पता चला उनकी इस तरह की बहुत शिकायतें मिलने पर बैंक द्वारा उनके पीछे विजिलेंस की टीम लगा दी गई है। उन्हें रँगे हाथों पकड़ लिया गया और जेल जाने के साथ ही नौकरी से भी बर्खास्त किया जा चुका है।

भरत सिंह के कलेजे पर ठण्डक पड़ी। जिसने उसके जैसे कई गरीब लोगों के साथ बुरा किया, उसके साथ भी ऐसा ही होना चाहिए था।

लेकिन अब उसका क्या होगा! बैंक तो यही मानेगा कि धोखाधड़ी कर जाली कागजात तो उसी ने बैंक में जमा किये हैं।

बैंक से निकलने के बाद बदहवास से पति-पत्नी उस एजेण्ट के घर पहुँचे, पता चला वहाँ तो कोई और ही रह रहा है।

वो तो कब का उस मकान को बेचकर यहाँ से रातों-रात भाग गया और भरत सिंह जैसे न जाने कितने लोग अब उसके घर के चक्कर काट रहे हैं।

पैसा उसके पास था नहीं जो वह जमा कर पाता। बैंक ने उसके विरुद्ध वसूली का केस दायर कर दिया था। कोर्ट में उसके सारे कागजात जाली साबित होने पर उसके विरुद्ध जालसाजी का मुकदमा भी कर दिया गया। इसी के तहत आज पुलिस उसे गिरफ्तार करके ले गई।

लीला की समझ में नहीं आ रहा था अब क्या करेगी वो?

कुछ ही दिनों में ऑफिस ने भी भरत सिंह को नौकरी से बर्खास्त कर दिया। बच्चों का स्कूल छूट गया।

ऑफिस के ही कुछ मित्रों ने बड़े बेटे को एक चाय की ठेली दिलवा दी। जिसे वह ऑफिस में ही लगा कर घर के लिए दो पैसे कमा रहा है।

लीला अब खुद लोगों के घरों में काम कर किसी तरह बच्चें पाल रही है। मन ही मन सोचती कि काश! उसके पति ने ये लालच न किया होता, तो आज भूखों मरने की नौबत न आती। पर अब पछताये होत क्या, जब चिड़िया चुग गई खेत...।

नया जीवन

अतीत भले कितना ही दुखद रहा हो, लेकिन उसकी यादें बड़ी सुखद होती हैं। लेकिन सुधाकर था कि खूब नाम-शोहरत के बावजूद पुराने दिनों का जिक्र होते ही छटपटा उठता उसकी आँखें भर आतीं। खुद को कोसने लगता। यहाँ तक कि अपना परिचय देने से भी कतराता। पिछले तीन साल से तो उसका कोई अता-पता ही न था। जिन्दा है या मुर्दा, बीवी तक को नहीं मालूम। आज जाने कहाँ से प्रकट हो गया वह। यहाँ एक प्लास्टिक सर्जरी कैम्प में वह अपनी बारी का इंतजार कर रहा था।

शाम तीन बजने को आ गए, लेकिन अब भी बाहर मरीजों की लम्बी कतार थी। देश-विदेश के जाने-माने प्लास्टिक सर्जनों की मदद से यहाँ नि:शुल्क प्लास्टिक सर्जरी कैम्प लगा हुआ था।

शिविर का मकसद था उन गरीबों के शारीरिक विकारों को दूर करना, जो प्लास्टिक सर्जरी जैसा महँगा इलाज न करवा पाने के कारण नारकीय जीवन जी रहे हैं।

इनमें तमाम तरह के मरीज थे, कोई जन्मजात पीड़ित था तो कोई दुर्घटना का शिकार। कुछ गरीब मां-बाप अपनी उन अभागी किशोरियों को भी लेकर आए थे, जो अंग भंग का दंश झेल रही थी। उनको तो जैसे मुँह माँगी मुराद मिल गई। वरना इतने महँगे इलाज की तो वह कल्पना भी नहीं कर सकते। लेकिन आज वह उनको सुलभ था। वह भी घर के पास।

–नेक्स्ट! डॉक्टर ने आवाज दी और एक डरावने चेहरे वाला शख्स अंदर आया। लगता था किसी भयानक दुर्घटना का शिकार हुआ है वह। ठुड्डी का मांस लटक कर गले के निचले हिस्से से जा चिपका था।

–नाम! चेहरा देखे बिना डॉक्टर ने पूछा।

–जी सुधाकर मजूमदार। वह बोला।

डॉक्टर ने निगाहें ऊपर उठाई और परिचित सा नाम सुनकर पूछा–

–क्या आप लोकल हैं!

–हाँ...नहीं, मैं पास ही के शहर से आया हूँ। कुछ बहके से अंदाज में वह बोला।

–दरअसल आपका नाम सुन मुझे तीन-चार वर्ष पूर्व एक पत्रकार की याद आ गई। उससे मिलने का सौभाग्य तो नहीं मिला मुझे, लेकिन अखबारों और पत्र-पत्रिकाओं में उसके लेख पढ़े थे मैंने। क्या गजब लिखता था।

ठीक ही हुआ जो मुलाकात नहीं हुई, सुधाकर धीरे से फुसफुसाया।

कुछ कहा आपने।

—जी यही कहा कि एक नाम के कई लोग निकल आते हैं। मैं तो एक मामूली इंसान हूँ। इतना ही अच्छा लेखक, पत्रकार होता तो यहाँ खड़े रहता!

—चलो, डाक्टर ने इतना ही कहा और वह सुधाकर की जांच में जुट गया।

बीच-बीच में वो सुधाकर से उसके साथ हुई दुर्घटना के बावत भी पूछता जाता। फिर बोला-

—आप ठीक हो जायेंगे, लेकिन थोड़ा समय लगेगा। फिर डॉक्टर ने उसे दो दिन बाद ऑपरेशन की तिथि बताई और कुछ जरूरी हिदायतें दीं। आश्वस्त होकर वह बाहर निकल आया।

सुधाकर मजूमदार, एक समय में पत्रकारिता व लेखन की दुनिया का जाना माना नाम था। वह स्वतंत्र पत्रकारिता करता और तमाम पत्र-पत्रिकाओं में उसके लेख छपा करते। लेकिन एक बहुत बड़ी बुराई थी उसमें। वो थी शराब पीने की लत। वह जो कुछ भी कमाता उसे शराब में उड़ा देता, और फिर पीने के बाद आपा खो बैठता। उसे होश ही नहीं रहता कि किससे क्या बोल रहा है।

सिर पर जिम्मेदारी पड़ेगी तो शायद सुधर जाये, यही सोचकर माँ-बाप ने एक गरीब घर की लड़की अंजली से उसका विवाह करवा दिया। लड़की गरीब जरूर थी पर थी बड़ी संस्कारवान व समझदार। पति को वह प्यार से समझाती ताकि वह रास्ते पर आ जाय। सुधाकर इधर काफी सुधर भी गया। एक वर्ष बाद ही वह एक प्यारी सी बच्ची का बाप बन गया तो अंजली बेटी में ही रम गई। उधर कुत्ते की पूछ फिर टेढ़ी की टेड़ी। सुधाकर का फिर वही ढर्रा शुरू हो गया।

शान्त स्वभाव की अंजली उसकी हरकतों से चिड़चिड़ी हो गई। घर के काम-काज से लेकर नवजात बच्ची की देखभाल उसे थका देती, ऊपर से सुधाकर की हरकतों से वह तंग आ गई थी।

बात-बात में अब जिरह होने लगी। सुधाकर गाली-गलौज पर उतर आता, यही नहीं कभी-कभी तो वह हाथ भी उठा देता।

किसी तरह गृहस्थी की गाड़ी खींचते-खींचते तीन साल बीत गये। ज्यादा शराब पीने का असर अब सुधाकर के लेखन पर भी नजर आने लगा। उसका मन अब काम से उचटने लगा। नतीजा यह हुआ कि घर में पैसे की दिक्कत भी आने लगी। अन्तत: उसने एक स्थानीय अखबार में काम पकड़ लिया, इससे एक निश्चित आमदनी हो जाया करती। पर सुधाकर का शराब का खर्चा उसकी कमाई से भी अधिक था। अंजली गरीबी में ही पली-बढ़ी, इसलिए उसे ज्यादा दिक्कत नहीं होती, लेकिन जब बेटी भी अभावों का शिकार होने लगी तो उसकी छटपटाहट बढ़ने लगी। क्या करे उसने सुधाकर को समझाने की कोशिश की। पर उसमें कुछ सुधार नहीं आया तो उसी के कुछ मित्रों ने उसे सलाह दी कि वह अखबार मालिक से मिल ले। अगले ही दिन अंजली चुपचाप मिलने चल दी।

–अकेले होती तो किसी तरह गुजारा कर लेती, लेकिन इस बिटिया को लेकर कहाँ जाऊँ। रोते हुए मालिक के सामने बड़ी मुश्किल से इतना ही बोल पाई अंजली।

बाकी स्थिति सुधाकर के मित्रों ने समझा दी थी। मालिक को सुधाकर की शराब पीने की आदत के बारे में तो पता था लेकिन स्थिति इतनी खराब है उसे पता न था। इतना प्रतिभाशाली आदमी और उसकी ये गत, वह भी हैरान हुआ।

ऑफिस आने पर सुधाकर को जब पता चला कि अंजली उसके ऑफिस आई थी, तो उसने घर लौटकर हंगामा खड़ा कर दिया। माँ को पिटते देख बच्ची दहाड़ मारकर रोने लगी। सुधाकर ने उसे भी पटक दिया। बच्ची बुरी तरह चोट खा गई तो सुधाकर का नशा टूटा।

इस हादसे के बाद सुधाकर कुछ दिन तो शान्त रहा लेकिन अगले माह जब आधी ही तनख्वाह उसे मिली तो वह भड़क उठा। मालिक ने बताया बाकी पैसा घर में पत्नी को दिया जाएगा ताकि वह खर्चा पानी तो चला सके। इससे वह और सनक उठा और उसने नौकरी को ही ठोकर मार दी। हो-हल्ला कर वह घर लौट आया।

यार-दोस्तों ने बहुत समझाया। पत्नी ने बेटी का भी वास्ता दिया। खुद मालिक ने भी कई बार बुलावा भेजा। लेकिन उसने किसी की भी नहीं सुनी।

वह फिर स्वतन्त्र लेखन में लग गया। उसका मन होता तो घर के लिए कुछ सामान ले आता नहीं तो कुछ नहीं।

स्थिति खराब होती देख अंजली ने एक बुजुर्ग दम्पत्ती के घर पर खाना बनाने व उनकी देखभाल का काम शुरू कर दिया। बुजुर्ग दम्पत्ती के दोनों बच्चे विदेश में थे और इस बड़े मकान में वे अकेले रहते। अंजली अपनी बच्ची को भी साथ लेकर जाती लेकिन स्नेही बुजुर्ग कभी एतराज न करते।

सुधाकर सुबह का निकला देर रात घर लौटता, उसे मालूम ही नहीं था अंजली बाहर काम करने लग गई है। उसने भी उसे कुछ नहीं बताया। पति के ढर्रे के बारे में सुन बुजुर्ग महिला ने उसे यही उनके साथ रहने की सलाह दी लेकिन अंजली न मानी। वो तो सुधाकर को बताना भी नहीं चाहती थी कि वो काम कर रही है।

घर के खर्चे का रोना खत्म हुआ, अंजली खुश थी। एक आत्मविश्वास आ गया था उसके अन्दर। अब वो सुधाकर के बुरे बर्ताव को भी चुपचाप सहन कर लेती। अंजली की तरफ से कोई जवाब न आने पर सुधाकर अपने मन की भड़ास निकाल थोड़ी देर में चुप हो जाता।

लेकिन अंजली की ये खुशी भी ज्यादा दिन नहीं रह पाई।

एक दिन सुधाकर दिन में ही घर आ गया तो ताला देखकर वापस लौट गया। लेकिन अंजली पर अब नई आफत टूट पड़ी। सुधाकर के दिमाग में शक का कीड़ा कुलबुलाने लगा। वह घर बुरी तरह नशे में लौटा।

वो एक भयावह रात थी। शाम से ही आँधी तूफान आ रहा था। बादलों की गड़गड़ाहट और बिजली की चमक से लगता था आसमान आज खूब बरसेगा। मौसम का हाल देख अंजली भी जल्दी वापस आ गई थी।

शाम से बिजली भी नहीं थी। अंजली ने जल्दी ही खाना बनाकर बच्ची को खिला दिया था और स्वयं सुधाकर की प्रतीक्षा कर रही थी। बाहर का मौसम देख उसे डर भी लग रहा था। लैम्प में पड़ा तेल खत्म न हो जाये इसलिए फिलहाल अंजली ने लैम्प बुझा दिया था। लैम्प बन्द होते ही घुप्प अन्धकार छा गया था। बाहर स्ट्रीट लाइट भी बन्द पड़ी थी। बीच-बीच में बिजली की चमक अन्धकार को एक पल के लिए दूर करती।

रात बारह बजे वह लड़खड़ाता हुआ पहुँचा तो अंजली ने लैम्प जला दिया और सुधाकर के लिए खाना लगाने लगी।

मुझे नहीं खाना तेरे हाथ का। ये कहते हुए सुधाकर ने थाली उठाकर फेंक दी। और उसके बाद लगा मन की भड़ास निकालने।

ऐसी कौन सी जरूरत है तेरी जिसके लिए तुझे एक घर में नौकरानी बनना पड़ रहा है, और उसने अंजली के बाल पकड़ लिये।

अंजली चुप थी। उसके मुँह से बोल न फूटे। इस हंगामे में उसे बच्ची के उठ जाने का डर था। पड़ोसियों का डर तो वो पता नहीं कब छोड़ चुकी थी। सभी को सुधाकर की आदत का पता था।

अचानक ही सुधाकर ने सामने रखा जलता हुआ लैम्प

उठाकर अंजली पर फेंकना चाहा, लेकिन बुरी तरह नशे में होने से वह खुद पर काबू नहीं कर पाया, और लैम्प लिए ही लुढ़क पड़ा। उसके गिरते ही लैम्प का सारा तेल उसके ऊपर बिखर गया और उसने आग पकड़ ली। सुधाकर लपटों में घिर गया। घबराई अंजली जोर-जोर से चिल्लाने लगी पर उसकी चीख सुन एक भी पड़ोसी नहीं आया। अपने हाथ से ही उसने जैसे-तैसे आग बुझाने की कोशिश की। इसमें वह भी बुरी तरह झुलस गई। सुधाकर की हालत बहुत गंभीर थी।

अंजली का इलाज तो स्थानीय अस्पताल में ही हो गया लेकिन बुरी तरह जल गए सुधाकर को उसके मित्र किसी तरह पैसा इकट्ठा कर दिल्ली ले गये। कुछ दिन के लिए तो अंजली भी साथ गई लेकिन एक तो आर्थिक तंगी और दूसरा बच्ची की जिम्मेदारी। सुधाकर को उसके मित्रों के हवाले कर अंजली वापस चली आई।

सुधाकर बच तो गया लेकिन उसका चेहरा बहुत विकृत हो गया। आगे इलाज और प्लास्टिक सर्जरी आदि कराने की उसकी सामर्थ्य नहीं थी। एक दिन कुछ बताए बगैर ही वह चुपके घर से निकल गया, और पिछले तीन साल उसका कुछ पता नहीं था।

फिर न जाने कैसे और कहाँ से वह इस शिविर में चला आया। दो दिन बाद अगली मुलाकात में डॉक्टर ने उसे अस्पताल में भर्ती होने को कह दिया। अब उसका आपरेशन होना था।

आपके कोई सगी-सम्बन्धी आपरेशन से पहले डॉक्टर ने सुधाकर से पूछा।

नहीं, मेरा कोई नहीं है। आप बगैर किसी औपचारिकता के मेरा आपरेशन कर सकते हैं। डॉक्टरों ने शुरू कर दिया ऑपरेशन। सब कुछ ठीक-ठाक रहा। वहाँ उसे पता ही नहीं लगा कब महीना निकल गया।

अस्पताल से ठीक होकर घर जाने से पहले वह डॉक्टर का धन्यवाद अदा करने पहुँच गया।

आपसे एक बात कहनी थी डॉक्टर साहब।

हाँ-हाँ कहिए।

वह बोला, आपने इतना बड़ा उपकार किया है मुझ पर कि मैं आपसे अब कुछ छुपा नहीं सकता।

डॉक्टर ने सवालिया नजर से सुधाकर की ओर देखा। वह कुछ बोलते इससे पहले ही वह बोल पड़ा–

डॉक्टर साहब, मैं वही सुधाकर मजुमदार हूँ, जिसका आप जिक्र कर रहे थे।

क्या! किसी मरीज की फाइल देखने में व्यस्त डॉक्टर चौंक पड़ा। फाइल परे सरकाकर वह बड़े गौर से उसे घूरने लगा।

लेकिन तुम्हारा ये हाल।

डॉक्टर के साथ इन दिनों बढ़ी अंतरंगता के चलते सुधाकर ने अपनी सारी कहानी उसके आगे बयाँ कर दी।

पर तुम्हारी पत्नी और बच्ची। वो कहाँ हैं अब।

वह बोला–जिस घर में अंजली काम करती थी उन्होंने उसे अपने ही घर में रख लिया। मैं वापस आया था उन्हें देखने तो पता लगा। लेकिन मुझे लगा वे वहाँ ज्यादा खुश रहेंगे। मेरी बेटी तो स्कूल भी जाती है अब।

तो क्या तुम उनके पास लौटना नहीं चाहते!

यह सुनकर वह भावुक हो गया। गहरी साँस लेते हुए बोला–चाहता तो हूँ, लेकिन पुराना सुधाकर बनकर नहीं बल्कि एक नई जिन्दगी लेकर। आज उसकी पहली मंजिल मैंने पा भी ली है।

यह सुन डॉक्टर भी गद्‌गद हो उठा। बोला–मेरी शुभकामनाएँ, मैं फिर से उसी सुधाकर की कलम से निकले लेख पढ़ना चाहता

हूँ। अरसा हो गया ऐसे लेख पढ़े हुए। और फिर उसने सुधाकर से बड़ी गर्मजोशी के साथ हाथ मिलाया।

नई स्फूर्ति व उमंग से भरा सुधाकर एक नये जीवन की शुरुआत के लिए अस्पताल से निकल चुका था उसकी आँखों में अपनी मासूम बिटिया का चेहरा घूम रहा था उसके इरादों में एक नये संकल्प की ऊर्जा के साथ पत्नी से मिलने की ललक थी।

कृतज्ञ

इतना काम करके कुछ नहीं मिलने वाला रंजन बाबू, कभी थोड़ी गप-शप भी कर लिया करो। बड़े बाबू ने पान चबाते हुए रंजन से कहा तो उसका मन वितृष्णा से भर गया। कैसे सारा दिन बिना काम के बैठ जाते हैं ये लोग। फाइलों के ढेर पर ढेर, लोग अपने काम के लिए चक्कर काटते रहते हैं लेकिन इन लोगों के कान पर जूं तक नहीं रेंगती।

खूब पापड़ बेलने के बाद बमुश्किल तीन माह पहले ही रंजन की इस दफ्तर में नौकरी लगी थी। स्नातक परीक्षा उत्तीर्ण करने के बाद कुछ दिन उसने कंप्यूटर प्रशिक्षण लिया। माता-पिता अधिक सक्षम न थे। उन्हें अपने तीन और बच्चे पालने थे, इसलिए रंजन बच्चों को ट्यूशन पढ़ाकर अपना खर्चा निकालता।

उम्मीद तो थी नहीं, पर न जाने कब किस्मत खुल जाय, उसने सेवायोजन कार्यालय में पंजीकरण भी करवा लिया।

इसी बीच उसने एक बनिए के यहाँ उसके खातों के हिसाब-किताब का काम भी शुरू कर दिया। लाला पहले दरजे का कंजूस था। काम दिनभर कराता पर पैसे देने में उसकी जान जाती। रंजन को लग रहा था जैसे वह मशीन बन गया है।

हे भगवान! कहीं ढंग की नौकरी मिल जाए और पैसा भी कम से कम इतना तो हो ही कि अपनी दो रोटी खाकर माता-पिता की मदद भी कर सके।

एक दिन सचमुच उसका भाग्य जगा और उसे सरकारी कार्यालय में नौकरी मिल गई। लेकिन यहाँ के रंग-ढंग देखकर वो भौचक्का रह गया। उसे लाला की नौकरी याद हो आई जो पन्द्रह सौ रूपल्ली के लिए उसकी साँसें भी खींच लेना चाहता, लेकिन यहाँ था कि अच्छी-खासी तनख्वाह पाने के बावजूद लोग कामचोरी करते। जो काम में लगे भी रहते उन्हें काम नहीं करने देते।

पहली बार जब उसने एक फाइल जल्दी से निपटा कर बड़े साहब के पास भेज दी तो यही बड़े बाबू उसे शाबाशी देने के बजाय नसीहत देने पर उतर आए-

रंजीत बाबू, अभी नये हो, यहाँ के उसूल नहीं जानते। जब तक तीन-चार चक्कर न लगे तब तक काम की महत्ता कैसे पता लगेगी।

लेकिन फाइल बिल्कुल ठीक हैं तो कोई क्यों चक्कर काटे। वह हैरान था।

बड़े बाबू आगे बोले-ऐसे तो तुम सबकी आदतें खराब कर दोगे बेटा। सूखी तनख्वाह से गुजारा हुआ है किसी का आज तक। उन्होंने राज की बात बताई।

पर रंजीत ने टका सा जवाब दिया—मैं तो इससे भी बहुत कम में गुजारा करता था और वैसे भी रिश्वत लेना बुरी बात है।

उसके इस आदर्शवाद पर वहाँ मौजूद सारे दफ्तरियों ने जोर से ठहाका लगाया, साथ ही ये भी समझा दिया कि उनके न लेने से कोई फर्क नहीं पड़ेगा। अन्दर साहब तो सौदा तय होने पर ही फाइल साइन करेंगे।

क्या साहब भी घूस लेते हैं। वह विचलित हो उठा। लेकिन जो जैसा करेगा वैसा भरेगा, ये सोच उसने अपना काम करने का तरीका नहीं बदला। हाँ साहब के प्रति उसके मन में भी सम्मान समाप्त हो चुका था।

और ऐसे में एक दिन खबर आई साहब का तबादला हो गया। ऑफिस की चण्डाल चौकड़ी परेशान, क्योंकि नये आने वाले साहब के बहुत कड़क और ईमानदार होने की खबर थी।

रंजन तेरे तो मजे आ गये अब। सुना है तेरे जैसे ही हैं नये साहब।

अरे काहे के ईमानदार, जो जितना बड़ा ईमानदार बने उसके उतने हाई-रेट। ईमानदार का मतलब सस्ते में नहीं बिकता। दूसरे ने कहा और खींसे निपोरते हुए बड़ी बेहयाई से हँस दिया। तम्बाकू के रंग से पीले पड़े उसके दाँतों को देख रंजन का जी मितला गया।

कुछ ही दिनों में साहब ने विदा ले ली। जाते हुए बहुत गमगीन थे। क्योंकि शिकायत अधिक होने पर गैर मलाईदार पोस्ट पर भेजा जा रहा था। तबादला करने वाला भी शायद ईमानदार व्यक्ति था जिसे साहब किसी भी तरह खरीद नहीं पाये थे।

तीन चार दिन बाद ही नये साहब का पदार्पण हुआ। उम्र अधिक नहीं, शायद सीधे ही अधिकारी चुन कर आए थे। हफ्ते-दस दिन तक जब ऑफिस के माहौल में कोई तब्दीली नहीं

हुई, तो रंजन को लगा साहब की कड़कमिजाजी सिर्फ एक हौवा भर थी। अभी भी ग्यारह बजे से पहले कोई अपनी सीट पर नहीं बैठता। दिन में कम से कम तीन-चार बार लोग चाय पीने चले जाते। बाकी समय काम के बजाय जिले से लेकर अन्तर्राष्ट्रीय राजनीति और हालात पर चर्चा रहती। एक फाइल के लिए भी सम्बन्धित व्यक्ति जब तक चार-पाँच चक्कर लगा कुछ भेंट नहीं चढ़ाता तब तक कार्य न होता। लग रहा था वही पुराना ढर्रा है। लेकिन एक अन्तर था, जहाँ पहले वाले साहब ग्यारह-बारह बजे तक ऑफिस में तशरीफ लाते, नये साहब सुबह दस बजे से पहले ही अपनी कुर्सी पर होते। आते-जाते उनकी निगाह समय से अपनी सीट पर बैठे रंजन पर पड़ती तो मुस्करा कर अभिवादन स्वीकार करते।

पन्द्रह दिन यों ही बीत गए। एक दिन सुबह बड़े बाबू उपस्थिति पंजिका ढूँढ़ने लगे तो चौकीदार ने बताया साहब के पास है। एक-एक कर के लोग उपस्थिति लगाने साहब के कमरे में जाते और मुँह लटकाकर लौटते। अन्दर किसके साथ क्या हुआ कोई इस पर चर्चा नहीं कर रहा था।

धीरे-धीरे साहब दिन में दो-तीन चक्कर बाहर हॉल के लगा लेते और किसी की सीट पर जा उससे लम्बित फाइलों के बारे में चर्चा भी कर लेते। अब तो आफिस में उनका डर व्याप्त हो गया था। क्या पता किसी से फाइल पर सौदेबाजी चल रही हो।

जिन्हें काम करने की आदत न थी वे परेशान थे और रंजन खुश। साहब भी उससे खुश रहते और कभी-कभी अपने कक्ष में बुलाकर विचार-विमर्श भी कर लेते।

रंजन ने महसूस किया था कि साहब से मिलने उन्हीं का हमउम्र एक व्यक्ति अक्सर आया करता। एक दिन रंजन की

उपस्थिति में ही वो व्यक्ति आया तो साहब ने अपना स्कूल के समय का सहपाठी कह उसका परिचय कराया। शिष्टाचार वश रंजन उठकर बाहर चला आया। लेकिन उसे लगा कि साहब कुछ असहज हो गए थे। होगी कोई आपसी बात उसने उसे दिमाग से निकाल दिया।

रंजन अगर तुम बुरा न मानो और तुम्हारे पास शाम को समय हो तो एक बात कहूँ। एक दिन साहब ने अपने कक्ष में बुलाकर कहा तो रंजन समझ न पाया कि वो क्या कहना चाहते हैं। बेवकूफों की तरह उनका मुँह ताकता रह गया।

दरअसल मेरे बच्चे जो आठवीं और दसवीं कक्षा में पढ़ते हैं उनके लिए मुझे एक टीचर की आवश्यकता है। बीच सत्र में मेरा स्थानान्तरण होने के कारण उनकी पढ़ाई ढंग से नहीं हो पाई है। अगर तुम उचित समझो तो दोनों बच्चों को थोड़ा सा पढ़ा दिया करना।

मना करने का तो सवाल ही पैदा नहीं होता था। एक तो साहब का आदेश, ऊपर से उनकी छवि अब रंजन के दिमाग पर हावी होती जा रही थी।

सो अगले दिन से ही ऑफिस के बाद उसने साहब के घर जाना शुरू कर दिया। छोटा सा परिवार, पति-पत्नी और दो बच्चे। साहब के माता-पिता गाँव में रहते। कितनी बार कह दिया लेकिन दोनों लोग वहाँ छोड़ना ही नहीं चाहते। साहब की पत्नी ने मुस्करा कर बताया। वह बहुत ही शालीन और स्नेही महिला थी। आरम्भ में तो वो रंजन से अधिक बात नहीं करती लेकिन कुछ समय बाद बच्चों की प्रगति जानने से आरम्भ हुई बातें घर गृहस्थी और एक दूसरे की व्यक्तिगत बातों तक भी पहुँच जाती।

उन्हीं से रंजन को पता चला कि साहब बहुत ही गरीब घर से हैं। पिता गाँव में ही मजदूरी करते और उसी से उन्होंने अपने

चार बच्चों को किसी तरह पाला। साहब पढ़ने में बचपन से ही तेज थे। किसी तरह अपने सम्पन्न सहपाठियों से किताबें माँग कर गाँव से कुछ दूर स्थित स्कूल से दसवीं की परीक्षा पास की। आगे की पढ़ाई की कोई सम्भावना न देख घर से भाग आए और कभी किसी चाय की दुकान, तो कभी किसी बनिये की दुकान पर काम किया। लेकिन पढ़ाई न छोड़ी। बारहवीं की परीक्षा प्राइवेट पास की और साथ ही नौकरी के लिए भी आवेदन कर दिया। एक सरकारी दफ्तर में अंशकालिक चपरासी की नौकरी मिली तो कुछ स्थायित्व मिला।

नौकरी के साथ-साथ बी.ए. किया और प्रतियोगिता परीक्षाएँ भी देते रहे। जहाँ वह चपरासी थे वहीं क्लर्क हो गए और एक दो वर्षों बाद ही वर्तमान विभाग में अधिकारी का पद पा गए।

रंजन आश्चर्यचकित था। उसे लगता था उसी ने मेहनत की है। लेकिन उसकी जिन्दगी तो उनसे कई गुना बेहतर थी। साहब के प्रति उसके मन में सम्मान और बढ़ गया। धीरे-धीरे रंजन उस घर के सदस्य की तरह हो गया था। साहब की पत्नी को वो भाभी कहता और बच्चे उसे चाचा। साहब भी अब उससे ऑफिस के अलावा भी चर्चा कर लिया करते और साथ ही तरक्की करने को प्रेरित करते।

घर में भी रंजन ने एक-दो बार साहब के सहपाठी को आते देखा था। वो आते तो घर के वातावरण में तनाव सा लगता। रंजन समझ नहीं पाता कि ऐसा क्या है, जो इनके आने से वातावरण ही बदल जाता है। अगर साहब को इनका आना पसन्द नहीं है तो साफ-साफ क्यों नहीं कह देते और इसका जवाब उसे कुछ दिनों बाद ही मिल गया।

सर के दोस्त क्या करते हैं। एक दिन भाभी से पूछ ही लिया उसने।

ये कुछ नहीं करते रंजन।

कुछ नहीं! तो फिर इनका खर्चा कैसे चलता है। रंजन आश्चर्यचकित था। इतनी बड़ी उम्र का इन्सान कैसे बिना कुछ करे रह सकता है।

बहुत अच्छे घर से हैं। पिता अच्छी नौकरी पर थे और गाँव में जमीन-जायदाद भी बहुत। पढ़ाई में अच्छे नहीं थे और बाद में सोहबत भी गलत हो गई। छोटी-मोटी ठेकेदारी की। काम मिल गया तो ठीक नहीं तो पुरखों की जमीन बेच खाई।

रंजन की समझ में न आया कि साहब जिस चरित्र के इन्सान हैं, उनकी ऐसे आदमी से दोस्ती कैसे हो सकती है। एक तरफ तो कर्मठ और मेहनती इन्सान और दूसरी ओर से निठल्ला आदमी।

लेकिन सर के पास क्यों आते हैं बार-बार। मन नहीं माना तो पूछ ही लिया रंजन ने।

अब तुमसे क्या छिपाना तुम तो घर के सदस्य जैसे ही हो अब। और भाभी ने रंजन को पूरा किस्सा बयाँ कर दिया।

मोहन जी और साहब एक ही गाँव के रहने वाले हैं। साथ-साथ पढ़ते थे। दोनों के घरों में घोर आर्थिक असमानता होते हुए भी अच्छी दोस्ती थी। समय बीता, अपनी मेहनत के दम पर साहब तो अच्छे पद पर पहुँच गये लेकिन मोहन जी ने सब कुछ गँवा दिया। अब हर महीने पंद्रह दिन के बाद मदद माँगने पहुँच जाते हैं। कभी बच्चों की फीस का बहाना तो कभी स्वयं की बीमारी का। दो चार बार तो इन्होंने मदद की। लेकिन जब मना किया तो दूसरा तरीका बताने लगे।

ऑफिस के कई ठेके साहब की स्वीकृति पर ही पास होते थे। इसलिए मोहन गाहे-बगाहे वो ठेके उन्हें दिलाने का दबाव बनाया करता।

अब तुम ही बताओ रंजन, तुम्हारे साहब जैसे ईमानदार आदमी कहाँ से तो इतना पैसा लायेंगे उन्हें देने के लिए और मानकों के विरुद्ध काम भी क्यों करेंगे।

लेकिन सर उनको साफ-साफ मना क्यों नहीं कर देते। क्यों अपनी मेहनत की कमाई को इस तरह एक निठल्ले इन्सान पर गँवा रहे हैं। उसका मन कड़वाहट से भर आया।

ठीक कहते हो रंजन। मैं उसे साफ-साफ मना क्यों नहीं कर देता।

साहब अचानक ही कमरे में चले आए थे और रंजन के ये शब्द उनके कानों में पड़ते ही वह बोल उठे।

रंजन अवाक् रह गया। लेकिन वे तो आज अपनी सफाई देना चाहते थे। रंजन को भी और अपनी पत्नी को भी। वो भी कई बार उनसे इस प्रश्न को पूछ चुकी थी।

तुमने गरीबी देखी है रंजन। उनकी सवालिया निगाहें रंजन की आँखों से जा टकराईं। उनकी दृढ़ता देख रंजन की आँखें स्वयं ही झुक गईं।

मैंने देखी है। पढ़ाई तो दूर घर में पेटभर खाने को भी नहीं होता था। मेरे बाकी तीनों भाई बहनों ने पाँचवीं के बाद स्कूल का मुँह नहीं देखा। और तब इसी मोहन ने जो कि खाते-पीते घर से था, मेरी मदद की। इसकी किताबें पढ़कर मैंने पढ़ाई की। इसकी पुरानी स्कूल यूनिफार्म पहन मैं स्कूल गया।

साहब कुछ देर रुके। उनकी आवाज भर्राने लगी थी। रंजन और साहब की पत्नी दोनों सिर झुकाए बैठे थे।

और तो और दसवीं के बाद जब मैं घर छोड़कर भागा तो बस का किराया और कुछ और पैसे भी इसी मोहन ने दिये थे। इसका स्वभाव और मेरा स्वभाव बिल्कुल विपरीत था। लेकिन फिर भी न जाने क्यों इसने हमेशा मेरी मदद की। सम्पन्न परिवारों

के लड़के पढ़ाई में पिछड़ने पर जब अपनी खिसियाहट उतारने के लिए मेरी मजाक बनाते, उस समय यही मोहन मेरी ढाल बनता।

कहते-कहते साहब मौन हो गए। कमरे में सन्नाटा छा गया। उनकी पत्नी की दबी सी सिसकी से लगा वो रो रही थी शायद।

अब तुम लोग कहते हो मैं मोहन को साफ-साफ मना कर दूं। इस समय उसका साथ छोड़ दूँ। जानता हूँ वो गलत कर रहा है, ये भी जानता हूँ कि वो मेरी भावनात्मक कमजोरी का फायदा उठा रहा है। लेकिन फिर भी कैसे भूल जाऊँ उन दिनों को। मैं कैसे इतना कृतघ्न हो जाऊँ। अगर वो मेरी भावुकता का फायदा उठा रहा है तो उठाने दो। शायद ऐसे में ही मैं उसके ऋण से उऋण हो पाऊँ। मैं उसका उपकार और अपने दुर्दिन कभी नहीं भूल सकता।

उनकी आवाज भर्रा आई और वो अपना ही वाक्य पूरा नहीं कर पाए। रंजन और अपनी पत्नी को वहीं स्तब्ध छोड़ वे कमरे से निकल गए। उनकी पत्नी भी चाय बनाने के बहाने किचन में चली गई। हर किसी को अपने-अपने प्रश्नों का उत्तर मिल चुका था। और रंजन, वो तो बुत बना वहीं बैठा रह गया। साहब के प्रति उसका सम्मान अब श्रद्धा में बदल चुका था।

विडंबना

शाम छह बजे का समय हो चला था। सूर्य की तपती किरणों से अब थोड़ी सी राहत मिलने लगी थी। थोड़ी ही देर में अभी वीरान पड़ा पार्क लोगों की हलचल से गुंजायमान हो जायेगा। कहीं पार्क में खेलते बच्चों का कलरव, तो कहीं धीरे-धीरे टहलते वृद्ध जन। कुछ देर बाद ऑफिस से आने वाले फिटनेस पसन्द युवा भी दौड़ लगाने पहुँच जाते।

निर्मला भी घड़ी देखकर छड़ी के सहारे बाहर निकल आई। साढ़े छह बज चुके थे। आज तो देर हो गई। कमला मेरा इन्तजार कर रही होगी। निर्मला ने मन ही मन सोचा, दोनों सहेलियों का यही नियम था। कमला का घर पार्क के अपेक्षाकृत निकट था। तो निर्मला उधर से जाते हुए उसे भी अपने साथ ले लेती। दोनों

एक साथ टहलते और अपना सुख-दुःख बाँटते। दोनों की पारिवारिक स्थितियों में समानता होने के कारण उनकी अच्छी निभती। दोनों ही एक बेटे और एक बेटी की माँ थीं। बेटियाँ अपने-अपने घरों में व्यस्त थीं। निर्मला और कमला दोनों के पतियों का देहान्त हो चुका था और दोनों अपने बेटे-बहू के साथ रहतीं।

निर्मला के पति जब तक जीवित रहे तब तक वो उनके साथ गाँव के पुश्तैनी मकान में ही रही। पति जब तक सरकारी नौकरी पर रहे तब तक कभी एक शहर तो कभी दूसरे शहर। सेवानिवृत्ति के बाद इस कोलाहल भरे वातावरण से दूर उन्होंने गाँव के अपने पुश्तैनी मकान में रहना ही उचित समझा था।

बेटे ने एक दो बार शहर स्थित अपने मकान में साथ-साथ रहने को कहा लेकिन शहरी जीवन से ऊब चुके दम्पति ने गाँव में ही रहना उचित समझा।

हाँ बीच-बीच में वो बच्चों के पास कुछ दिन के लिए जाना नहीं भूलते। दोनों इसी में खुश थे। प्रेम विवाह कर आई विजातीय बहू को भी सास-ससुर बोझ नहीं लगते।

देखते-देखते पन्द्रह वर्ष बीत गए। अब तो बेटे के बच्चे भी बड़े-बड़े हो चुके थे। इस बीच निर्मला के पति को हृदय रोग ने घेर लिया, जो एक दिन उनकी जान लेकर ही गया। निर्मला अब स्वयं भी सत्तर वर्ष की हो चुकी थी तो अकेले रहना सम्भव नहीं था, बेटा भी अब उन्हें अकेले छोड़ना नहीं चाहता। इसलिए उसके साथ ही रहना अब उनकी मजबूरी थी।

दूसरी ओर कमला ने पति की सेवानिवृत्ति के बाद बेटे बहू के साथ रहना ही उचित समझा। उनकी नजर में बेटे-बहू का फर्ज है कि वो माँ-बाप की सेवा करें। और इस अधिकार को वो बहू पर जताना कभी नहीं भूली। दो वर्ष पहले ही पति की मृत्यु के

बाद वो नितान्त अकेली थी। कमला और निर्मला दोनों की स्थिति एक जैसी होते हुए भी दोनों के स्वभाव में जमीन-आसमान का अन्तर था। निर्मला जहाँ बहू को बेटी के समान समझती वहीं कमला का दृष्टिकोण बिल्कुल अलग था।

—बहू हमेशा बहू ही होती है। उसे ज्यादा सिर चढ़ाओ तो वह तौर-तरीके भूल जाती हैं।—कमला की ये सोच निर्मला के गले नहीं उतरती, अगर बहू को हमेशा पराया ही समझते रहेंगे तो जीवन का निर्वाह कैसे होगा।

निर्मला पहुँची तो देखा कमला पहले से ही गेट पर खड़ी प्रतीक्षा कर रही है।

—आज देर कर दी। मैं तो कब से प्रतीक्षा कर रही थी।

—दरअसल बहू की तबियत कुछ ठीक नहीं थी तो सोचा शाम का खाना बनाने में उसकी मदद कर दूँ। इसलिए सब्जी काट आई। निर्मला ने देर से आने का कारण समझाया।

—तुम नहीं सुधरोगी। अरे इन बहुओं की कितनी भी मदद कर दो, ये हमारे काम में मीन-मेख ही निकाला करेंगे। मैं तो कुछ नहीं करती।

—लेकिन कमला, बहू की तबियत ठीक नहीं है। अगर हमारी अपनी बेटी होती तो क्या हम उसे ऐसे ही छोड़ देते। निर्मला कमला के मन को समझ पाने में असमर्थ थी।

—अरे बहू कभी बेटी नहीं हो सकती। घर जाकर तू खुद ही देख लेना।

कमला के इस कथन ने निर्मला को सोचने पर मजबूर कर दिया। ठीक ही तो कह रही है कमला। उसने जब भी बहू की मदद करने की कोशिश की उसको सास का काम पसन्द न आया। निर्मला बहू को जितना अपने पास लाने की कोशिश करती, बहू उतना ही उन्हें दूर धकेल देती। बच्चों के प्रति दादी

का लाड़-प्यार उसे उन्हें बिगाड़ देने वाला लगता। लेकिन निर्मला ने कभी शिकायत न की। कभी तो बहू की समझ में आएगा। यही सोच जीवन के अन्तिम पड़ाव को जी रही थी।

कमला की बातों से लगता कि उनकी बहू दिखावा अधिक करती है। सास के सामने तो माँजी-माँजी लगी रहेगी, लेकिन मन की बहुत अच्छी नहीं।

सारी बहुएँ शायद एक जैसी ही होती होंगी। निर्मला ने मन ही मन सोचा।

निर्मला का मन आज सैर में भी नहीं लगा। जब वो निकली तब बहू लेटी हुई थी। उन्हें आज सैर पर नहीं आना चाहिए था। न जाने बहू की तबियत कैसी होगी।

कमला के लाख मना करने पर भी निर्मला जल्दी घर चली आई। घर पहुँचकर बहू को रसोई के काम करते देख निर्मला भी आकर वहीं खड़ी हो गई।

मैंने सब्जी काटकर...।

देख ली! निर्मला का वाक्य भी पूरा न हो पाया था कि बहू ने रूखाई से बीच में ही टोक दिया।

–मैं कुछ मदद कर दूँ बेटी। तुम्हारी तबियत भी ठीक नहीं शायद। बहू की रुखाई को अनदेखा कर निर्मला ने पूछा।

–इतनी मदद बहुत है। पता नहीं कैसी सब्जी काटी है। सारे छिलके वहीं नजर आ रहे हैं। बढ़ा दिया न मेरा काम।–बहू धीमे स्वर में बड़बड़ा रही थी। उसके कुछ शब्द निर्मला के कान में पड़े, कुछ नहीं।

–माँजी, जब आपसे नहीं होता तो आप क्यों मेरा काम बढ़ाती हैं। कितनी बार कहा है मुझे मेरी तरह काम करने दीजिए। अपेक्षाकृत जोर से कहे गए शब्द निर्मला के कानों में पिघले शीशे की तरह पड़े।

—लेकिन बेटी तुम्हारी तबियत ठीक नहीं थी। इसलिए मैंने सोचा...।

—बहुत हो गया ये बेटी-बेटी का नाटक। मैं आपकी बहू हूँ और आप मेरी सास, आप कभी मेरी माँ नहीं हो सकतीं।—बहू न जाने क्या बोले जा रही थी।

निर्मला की सोचने-समझने की शक्ति समाप्त हो चुकी थी। आँखों में आँसू छलक आए हैं। किसी तरह छड़ी के सहारे अपने कमरे में आ बैठ गई। कमरे में अँधेरा हो चुका था लेकिन उससे कहीं ज्यादा अँधेरा उनके मन के अन्दर था। कमरे का अँधेरा तो बिजली दूर कर देगी लेकिन उनके मन के अँधियारे को कौन दूर करेगा।

उन्हें अपना समय याद हो आया, जब विवाह कर पहली बार ससुराल आई थी। उम्र ही क्या थी तब उनकी महज सोलह साल। ससुराल आते ही सास का जो नियंत्रण उनके ऊपर रहा वो बुढ़ापे तक चलता रहा। मजाल क्या उनसे पूछे बिना निर्मला अपनी मर्जी से कोई निर्णय ले ले। निर्मला तब से ही सोचती थी अपनी बहू आयेगी उसे बिल्कुल बेटी की तरह रखेगी। उसे हमारे घर में पूरी स्वतंत्रता होगी। किसी को कभी लगेगा ही नहीं कि ये उनकी बेटी है या बहू।

लेकिन उनके सपने सपने ही रह गए। जब तक पति जीवित थे तब तक बहू, बेटे के साथ ही रही और अब ये स्थिति है कि बहू को उनका अस्तित्व ही स्वीकार्य नहीं। जब वो बहू थी तब भी वो अपने अस्तित्व की तलाश में थी और आज भी उनकी तलाश समाप्त नहीं हुई थी।

तबियत ठीक न होने का बहाना कर रात को खाना नहीं खाया तो बेटा और बच्चे हाल पूछने चले आए।

—माँ, डॉक्टर को बुलवाएँ।

–किसलिए!–निर्मला मन ही मन बुदबुदाई–क्या बीमारी है उसे। वह तो बस अपनेपन की भूखी है, प्यार की भूखी और कुछ नहीं। उसने धीमे से ना में सिर हिला दिया। कुछ देर उसके पास बैठ सभी अपने-अपने काम में व्यस्त हो गए। बहू एक बार भी पूछने तक न आई कि आखिर सास को हुआ क्या है। कमला की बात याद आ गई। बहू कभी बेटी नहीं हो सकती। लेकिन निर्मला परेशान थी, जब उसने बेटी बनना चाहा सास ने बनने न दिया और जब उसने माँ बनना चाहा है तो बहू बनने नहीं दे रही।

सुबह उठते ही निर्मला को शाम की प्रतीक्षा थी। आज कमला से कहेगी कि वो ठीक ही कहती है। निर्मला बार-बार बाहर देख धूप ढलने की प्रतीक्षा कर रही थी। ज्यादा इंतजार न कर पाई तो पहले ही घर से बाहर निकल गई। कमला अभी घर पर ही थी। निर्मला थोड़ी देर रुकी फिर न जाने क्या सोच कमला के घर के अन्दर चली गई। कमला की बहू को देखने की इच्छा मन में उठी और इस इच्छा को उसने दबाया नहीं।

–अरे आज इतनी जल्दी आ गई।–कमला आश्चर्यचकित हुई। फिर बहू को आवाज देकर निर्मला के लिए पानी मँगवाया।

निर्मला झिझक रही थी। आज तक कभी यहाँ आई नहीं थी और आज आई भी तो इस मन:स्थिति में। कमला की बहू ने पैर छुए तो वो अपनी सोच से बाहर निकली। सौभाग्यवती हो बेटी–बरबस ही उनके मुँह से निकल गया।

बहू ने कृतज्ञतापूर्ण निगाहों से उनकी तरफ देखा। निर्मला को उन निगाहों में स्नेह और अपनत्व की छाया सी नजर आई। बहू चली गई लेकिन निर्मला की निगाहें उसे कमरे से बाहर जाने तक देखती रहीं।

पता नहीं ऐसी कौन सी बुराई है इसमें, जो कमला कभी भी उससे खुश नहीं रहती।

देखने में तो बहुत भली लगती है, लेकिन है तो आखिर बहू ही। अपना असली रूप दिखा ही देती है। कमला की आवाज से निर्मला की सोच को विराम लगा।

पहली बार देखने से ही तो इन्सान के स्वभाव का पता नहीं चलता। निर्मला ने सोचा और अपनी बहू के कहे हुए शब्द उनके कानों में गूँजने लगे। आप सास हैं माँ बनने की कोशिश मत कीजिए।

अब...निर्मला कभी-कभी कमला के घर चली जाती। कमला की बहू से भी बात होती, लेकिन उसने महसूस किया कि वो कमला के सामने सहमी-सहमी सी रहती या कमला ही तुरन्त उसे कोई न कोई काम बताकर कमरे से बाहर भेज देती। अपने घर की चिलचिलाती धूप जैसे वातावरण से निर्मला को दो पल की ये छाँव मन के अन्दर तक आह्लादित कर जाती।

एक दिन जब निर्मला कमला के घर पहुँची तो वो कहीं बाहर गई थी। बहू ने बैठने का आग्रह किया तो निर्मला बैठ गई। आज वो उससे जी-भर कर बात करना चाहती थी।

कुछ इधर-उधर की बातों के बाद निर्मला ने उसके माता-पिता के बारे में पूछा तो पता चला कि उसकी माँ की तो उसके बचपन में ही मृत्यु हो गई थी। बिन माँ की बच्ची को पिता ने ही दोनों का प्यार देकर पाला।

शादी होने के बाद लगा कि मुझे माँ मिल गई। अपनी माँ की शक्ल तो मुझे याद नहीं, लेकिन माँजी में ही अपनी माँ को देखती हूँ। और कहते-कहते उसकी आँखें भर आई।

निर्मला ने प्यार से उसके सिर पर हाथ फेरा तो वर्षों से दबा लावा पिघल कर आँखों के रास्ते बहने लगा। निर्मला को लगा कि वो शायद ये कहना चाहती है कि वो तो अपनी सास को माँ समझती है लेकिन उन्होंने कभी उसे बेटी नहीं समझा। ये शब्द

उसके मुँह से नहीं निकले लेकिन उसके आँसुओं ने उसके मन ही व्यथा बयाँ कर ही दी थी। कुछ देर तक निर्मला के हाथ उसके सिर को सहलाते रहे और बहू की सिसकियाँ कमरे में मौन को तोड़ती रहीं।

उस शाम निर्मला का मन फिर से उदासी से घिर गया। क्या सास-बहू के रिश्ते की कड़वाहट कभी दूर नहीं होगी। हम औरतें ही क्यों अपनी दुश्मन बन जाती हैं। इसमें एक ओर वो स्वयं थी जो अपनी बहू को बेटी के समान प्यार करती लेकिन बहू ने उन्हें मदर और मदर इन लॉ में अन्तर समझा दिया था। दूसरी तरफ कमला और उसकी बहू थी। वहाँ बहू तो सास में अपनी माँ को ढूंढ़ रही थी पर कमला का मन बहू को बेटी के समान मानने को कदापि तैयार नहीं था। ये कैसी विडम्बना थीं। क्या इस रिश्ते की कड़वाहट कभी मिठास में बदल पायेगी। क्या हम लोग कभी अपने क्षुद्र अहम् से बाहर निकल प्यार भरे रिश्तों की नींव डाल पायेंगे। निर्मला के मन में यही यक्ष बार-बार उमड़-घुमड़ रहे थे।

सच्चा प्यार

पूरे अस्पताल में गहमागहमी का माहौल था, कोई इधर दौड़ रहा था, तो कोई उधर।

—सारी व्यवस्था हो गई क्या। थोड़ी ही देर में मुख्य अतिथि आने वाले हैं। अस्पताल के प्रबंधक स्वयं इधर उधर घूमकर सारी व्यवस्था देख रहे थे।

—जी हो गई सर, लेकिन सिस्टर मैरी कहीं नजर नहीं आ रहीं, पता नहीं ऐन वक्त पर कहा चली गईं। अपने काम से लगे हुए ही उस व्यक्ति ने जवाब दिया।

—जल्दी ढूँढ़ो उन्हें, मुख्य अतिथि का स्वागत उन्हें ही करना है। उन्होंने उस व्यक्ति से कहा।

पता नहीं क्या हो गया है सिस्टर मैरी को आजकल।

खोई-खोई सी रहती हैं। बड़बड़ाते हुए वे वहाँ से चले गए।

इस अस्पताल में हो रही गहमागहमी का आज विशेष कारण था, आज से पचास वर्ष पूर्व चिकित्सालय की स्थापना का जो बीज बोया था वह उनके अथक प्रयासों से सिंचित हो वट वृक्ष का रूप ले चुका था। हम-पेशे से जुड़े कई सहृदय लोग अब इस परिवार का हिस्सा बन चुके थे और इस अस्पताल ने बृहद् वट वृक्ष का रूप ले लिया था।

आज उसी अस्पताल के स्वर्ण जयन्ती समारोह पर देश के प्रसिद्ध समाजसेवी, मैगसेसे पुरस्कार विजेता डॉ. अविनाश आ रहे थे। सम्पन्न घर से ताल्लुक रखने वाले डॉ. अविनाश ने डॉक्टरी की पढ़ाई के बाद अपना सम्पूर्ण जीवन गरीबों व समाज के उस तबके के लिए होम कर दिया था जिन्हें चिकित्सा सुविधा की न तो जानकारी थी न ही सुविधा। कई वर्षों तक वे उड़ीसा और मध्य प्रदेश के आदिवासियों के लिए काम करते रहे, पचपन वर्ष की आयु पार कर चुके डॉ. अविनाश अविवाहित थे।

आज उन्हीं डॉ. अविनाश के मुख्य अतिथि के तौर पर अस्पताल में आने से सब लोग प्रफुल्लित थे, लेकिन सिस्टर मैरी, उसने तो जब से डॉ. अविनाश के बारे में सुना था वो तो अतीत मे खो गई थी, क्या ये वही डॉ. अविनाश होंगे या कोई और। एक मन कहता कि अविनाश नाम के तो न जाने कितने डॉक्टर होंगे, दूसरा मन सोचता अगर वही हुए तो। इसी संशय के चलते उसकी डॉ. अविनाश की तस्वीर देखने की भी हिम्मत न हुई, उस तस्वीर को न देख वो अपने भ्रम को अन्तिम समय तक जीवित रखना चाहती थी।

अगर वो वही हुए तो क्या इतने वर्षों बाद पहचानेंगे उसे। अब तो उसका नाम भी अपना न रहा, ये क्या सोचने लगी वो फिर से, क्या पता वो हैं भी या नहीं।

–आप यहाँ हैं। और मैं पूरे अस्पताल में ढूँढ़ आया आपको, जल्दी चलिए, मैनेजर साहब बुला रहे हैं आपको।

आगन्तुक की आवाज से मैरी की तन्द्रा भंग हुई, चौंक कर वह उठ खड़ी हुई और कमरे से बाहर निकल आई, मन ही मन उसे अपने पागलपन पर कोफ्त हुई। सिर्फ नाम और पेशा समान होने पर अब तक न जाने क्या-क्या सोच चुकी थी वो।

मैरी इस अस्पताल की बहुत पुरानी नर्स थी, लगभग तीस वर्ष पूर्व इस अस्पताल के संस्थापक डॉ. जोशी के पास नौकरी माँगने आई थी।

–कोई प्रशिक्षण लिया है तुमने नर्सिंग का।

–न...नहीं! घबरा कर झूठ बोल गई वो।

–तो फिर क्या काम करोगी।

मरीजों की सेवा करूँगी डॉक्टर साहब, आपको कोई शिकायत नहीं मिलेगी।

और तब से सिस्टर मैरी इसी अस्पताल में काम कर रही हैं। मरीजों के प्रति उनकी हमदर्दी और समर्पण को देखते हुए लोग उनकी मदर टेरेसा से तुलना करते। वो कहाँ से आई, कहाँ की रहने वाली है, कोई नहीं जानता। जानता है तो उनके व्यवहार और समर्पण को, जिसके आगे सारे परिचय बेमानी हैं।

यद्यपि उनकी कार्यकुशलता देख डॉक्टर जोशी कई बार कह चुके थे,–मैरी तुम झूठ बोलती हो मुझसे, तुम्हें तो सब कुछ आता है। ऐसा काम कोई सधा हाथ ही कर सकता है।

मैरी को लगता उसकी चोरी पकड़ी जायेगी, लेकिन वो विनम्रता से इसका श्रेय डॉक्टर साहब को दे बात को टाल जाती, डॉक्टर जोशी की उम्र बढ़ने के बाद इस अस्पताल का काम काज उनका बेटा देखता जो स्वयं भी एक डॉक्टर था। मैरी का वो भी बहुत सम्मान करता इसलिए आज मुख्य अतिथि के स्वागत की

जिम्मेदारी मैरी को ही सौंपी गई थी।

नियत समय पर समारोह आरम्भ हुआ, अस्पताल के कर्मचारियों के साथ-साथ शहर के गण्मान्य अतिथि व स्थानीय लोग समारोह में उपस्थित थे।

अब सिस्टर मैरी जो इस अस्पताल की तीस वर्षों से सेवा कर रही हैं, डॉ. अविनाश का स्वागत करेंगी। स्टेज पर उनका नाम पुकारा गया तो मैरी फूलों का गुलदस्ता हाथ में लिए स्टेज पर उपस्थित हुईं, इसी बीच संयोजक मैरी का संक्षिप्त परिचय व उनकी कार्यकुशलता के बारे में भी बताता रहा।

डॉ. अविनाश गुलदस्ता लेने आगे बढ़े। मैरी की निगाहें सबसे पहले उनके माथे की ओर गईं, दाहिनी ओर वही कट का निशान।

...तुम्हारे माथे पर ये निशान! कहीं चोट लगी थी क्या। उस निशान को छूते हुए उसने अविनाश से पूछा था।

बचपन में बहुत शरारती था मैं, पतंग उड़ाने के चक्कर में एक बार छत से गिर गया था, बच गया तुम्हारे लिये, लेकिन चोट गहरी थी निशान छोड़ गई।

–धन्यवाद सिस्टर मैरी।–अविनाश की आवाज सुनाई दी...यादों की गहराई में कहीं खोई मैरी वर्तमान में चली आई, आँखे आँसुओं से धुँधला गई थीं? अविनाश का चेहरा भी तो न देख पाई वो, लेकिन आवाज! कैसे भूल सकती है वो इस आवाज़ को।

तो क्या अविनाश ने विवाह नहीं किया। उससे जो कुछ कहा गया वो सब झूठ था।

सिस्टर मैरी इस अस्पताल के बारे में दो शब्द कहेंगी, लेकिन सिस्टर मैरी अब कहाँ थी वो? वह तो 30 वर्ष पूर्व की नैन्सी बन चुकी थीं।

अपने ही खयालों में खोई मैरी माइक के सामने जा खड़ी

हुई, लेकिन मुँह से शब्द न निकला। थोड़ी ही देर में उनकी सिसकियों की आवाज वातावरण में गूँज रही थी, उपस्थित जन-मानस स्तब्ध था, क्या हो गया सिस्टर मैरी को। क्यों इतनी भावुक हो गई वो।

संचालक ने सहारा देकर उन्हें स्टेज से नीचे उतारा और उन्हें दूसरी ओर ले गया, थोड़ी ही देर में कार्यक्रम दोबारा से आरम्भ हो गया था लेकिन सभी के मन में एक प्रश्नचिह्न छोड़ गया था।

उधर मैरी उर्फ जूली जितना सोचती उतना ही पिछली यादों से घिरती जाती। ऐसा लगता जैसे पूर्व जन्म का कोई सम्बन्ध याद आ गया हो।

अनाथ जूली जन्म से ही, अनाथाश्रम में पली बढ़ी और स्कूली शिक्षा पूरी करने के उपरान्त कुछ लोगों के सहयोग से नर्सिंग का प्रशिक्षण लेकर वहीं एक अस्पताल में नौकरी पा गई। उन्हीं दिनों डॉक्टर अविनाश ने एम.बी.बी.एस. की पढ़ाई के बाद उसी अस्पताल के प्रशिक्षण हेतु नियुक्ति पाई थी। अविनाश और जूली कब एक-दूसरे से प्रभावित हो अच्छे दोस्त बन गए उन्हें पता ही न चला। यही दोस्ती धीरे-धीरे प्यार में बदल गई। जूली अपनी किस्मत पर हैरान थी, बिन माँ-बाप की बच्ची ने पहली बार जाना कि स्नेह और आत्मीयता इंसान को कितनी शक्ति देती है।

जूली खुश थी, लेकिन साथ ही साथ शंकित भी। अविनाश धनी परिवार से था। उसके माता और पिता मशहूर डॉक्टर थे और अपने शहर मे उनका निजी अस्पताल था, अविनाश को डॉक्टरी पढ़ाने के पीछे उनकी मंशा भविष्य के लिए उनकी विरासत को जीवित रखने की थी। अविनाश को इस पेशे में भेज उन्होने अविनाश का नहीं बल्कि अपना भविष्य सुरक्षित कर लिया था।

ऐसे माता-पिता आखिर क्यों चाहेंगे कि उनका डॉक्टर बेटा एक अनाथ नर्स से प्रेम विवाह कर ले।

लेकिन अविनाश का स्नेह उसकी सारी शंकाएँ दूर कर देता।

–डॉक्टरी जैसे पेशे में पैसे के पीछे पागल रहना मुझे बिल्कुल अच्छा नहीं लगता। मैं समाज के गरीब तबके के लिए काम करना चाहता हूँ,–अविनाश कहता और जूली अपलक उसे ताकती रहती।

क्या आज भी ऐसे लोग हैं जो अपने स्वार्थ से इतर गरीब और अभावग्रस्त लोगों के लिए सोचते हैं, वो सोचती और अविनाश के प्रति उसका प्यार श्रद्धा का रूप ले लेता।

इस बार मैं डैडी से अपने बारे में बात कर लूँगा, ... अविनाश एक सप्ताह के लिए घर जा रहा था।

इस एक सप्ताह को काटना जूली के लिए भारी पड़ रहा था, अविनाश के माता-पिता का इस रिश्ते को लेकर क्या रुख होगा? क्या वे आसानी से मान जाएँगे। इन्हीं प्रश्नों के सवाल ढूँढ़ते एक सप्ताह बीत गया।

अविनाश लौटा तो परेशानी उसके चेहरे से साफ झलक रही थी।

–उन्होंने मना कर दिया ना। अस्पताल की कैंटीन में चुपचाप चाय पीते हुए अविनाश से जूली ने पूछ ही लिया।

–नहीं!–अविनाश ने जूली की ओर देखे बगैर संक्षिप्त सा जवाब दिया।

–अविनाश तुम मुझसे छिपाने की कोशिश ही क्यों करते हो? तुम्हारा चेहरा पढ़ना आता है मुझे, जूली ने उसके हाथों में अपना हाथ रख दिया।

–तुम जानती हो, अपने इकलौते बेटे को सस्ते में खोने का

गम सता रहा है उन्हें।–अविनाश थोड़ी देर चुप रहा, जूली भी कुछ न बोली। जानती थी उससे कुछ भी छिपा नहीं पायेगा अविनाश। लेकिन कोई बात नहीं, हम कोर्ट में शादी कर लेंगे, अविनाश ने दोनों हाथ में उसका हाथ लेकर उसे मानो आश्वासन दिया।

–अविनाश ऐसे नहीं, हम उन्हें मनाने की कोशिश करेंगे, आखिर माता-पिता हैं वो। मैंने कभी नहीं जाना कि माता-पिता क्या होते हैं, कैसे होते हैं। अब उन्हें पाने का मौका मैं अपने हाथ से जाने न दूँगी।

–तुम्हें निराशा होगी।

–मै फिर भी अपनी कोशिश नहीं छोड़ूँगी।

जूली को विश्वास था कि अपने स्वभाव से सभी का दिल जीतने वाली जूली अविनाश के माता-पिता का भी दिल जीत लेगी, और दूसरी ओर अविनाश जानता था कि उसके माता-पिता का दिल जीतने के लिए अच्छे स्वभाव की नहीं बल्कि अच्छे रुतबे, अच्छे पैसे की जरूरत है।

अविनाश और जूली फिर अपने-अपने काम में व्यस्त हो गए। इसी बीच अविनाश ने जूली को अपने माता-पिता से मिलाने का मन बनाया और इसके लिए उन्होंने एक दिन निर्धारित कर अवकाश हेतु प्रार्थना पत्र भी दे दिया था।

लेकिन होनी को कुछ और ही मंजूर था। अविनाश के घर से खबर आई की पिता को दिल का दौरा पड़ा है। अविनाश को तुरन्त घर आना पड़ा और उसके बाद कई दिनों तक उसकी कोई खबर नहीं आई।

शाम के वक्त एक दिन जूली अपने हॉस्टल के कमरे में बैठी थी। अविनाश को गये दस दिन से अधिक हो गए थे और उसकी कोई खबर नहीं थी। क्या पता उसके पिता की हालत

कैसी है? अगर ठीक होते तो अविनाश आ गया होता अब तक।

किसी ने दरवाजा खटखटाया, चौकीदार था।–आपसे मिलने कोई साहब और मेमसाहब आए हैं,–कौन हो सकता है। बाहर आई तो देखा एक अधेड़ से सज्जन और लगभग उन्हीं के उम्र की महिला उससे मिलना चाहते थे। सख्त रोबीला चेहरा, घनी मूँछें, अधपके बाल और सलीके से पहने गये उच्च ब्रांड के कपडे। कुल मिलाकर उनका व्यक्तित्व रोबदार था, साथ में खड़ी महिला शायद उनकी पत्नी होगी। उनका पहनावा व चेहरे का दर्प उनके आभिजात्य को अभिव्यक्त करने के लिए काफी था।

--हम अविनाश के माता-पिता हैं।–रोबीली आवाज में कहे गये शब्दों से जूली हड़बड़ा गई।

जल्दी से उनका अभिवादन कर कमरे में ले गई। जूली खामोश थी, दोनों उसके कमरे का इस तरह निरीक्षण कर रहे थे मानों वहीं आकर रहने वाले हों।

–अविनाश से शादी करना चाहती हो।–बिना किसी भूमिका के अविनाश के पिता द्वारा पूछा गया सवाल जूली की निगाहें झुका गया। कैसे अपने आप कहे, हाँ, वह और अविनाश अपनी बाकी जिन्दगी एक साथ गुजारने का फैसला कर चुके हैं।

–अविनाश हमारा इकलौता बेटा है। हमारी विरासत का वारिस, उसे ही आगे चलकर हमारा अस्पताल सँभालना है।

जूली सिर झुकाए सब सुन रही थी। उसकी समझ में नहीं आ रहा था कि वो ये सब उससे क्यों कह रहे हैं।

थोड़ी देर रुक उन्होंने फिर बोलना आरम्भ किया–बहुत इज्जत है हमारी समाज में, अविनाश का रिश्ता हमारे ही एक डॉक्टर मित्र की डॉक्टर बेटी से तय हो चुका है। तुम अविनाश का पीछा छोड़ दो।

कठोरता से कहे गये ये वाक्य जूली का अन्तर्मन हिला गए।

झुकी हुई निगाहें उठ चुकी थीं और सीधे अविनाश के पिता की निगाहों से टकराईं। लेकिन उन निगाहों में उसे भावना, संवेदना नाम की कोई चीज नजर न आई।

जूली को चुप देख कर अविनाश की माँ ने मोर्चा खोला-

–देखो जूली, अविनाश अगर तुमसे विवाह करता है तो हमसे उसका कोई रिश्ता नहीं रहेगा। क्या तुम माता-पिता से उनके इकलौते बेटे को छीनने का पाप कर सकती हो।–माँ भावनात्मक ब्लैकमेलिंग पर उतर आई थी।

–हम तुम्हारे लिए बेहतर नौकरी का प्रबंध कर सकते हैं, दूसरे शहर चली जाओ, मैं अपने मित्र को बता दूँगा। तुम्हारी जिन्दगी आराम से कट जायेगी, वैसे भी यहाँ क्या रखा है तुम्हारे लिये। घर न परिवार-इस बार फिर अविनाश के पिता थे।

–बेटी, इनका मतलब है तुम्हें इससे बेहतर नौकरी दिलाने में ये तुम्हारी मदद कर सकते हैं। अविनाश की माँ को लगा कि उनके पति के कठोर होने से जूली विद्रोह पर उतर सकती है, इसलिए बात सँभालने का प्रयास किया उसने।

–हमारा बेटा मत छीनो हमसे, समाज में कितनी बदनामी होगी हमारी, हमारे सारे सम्बन्धियों को पता है कि अविनाश का रिश्ता किससे तय हुआ है। हमारी इज्जत मिट्टी में मिल जायेगी अविनाश की माँ भावुक हो गई थीं।

जूली प्रस्तर-मूर्ति बनी सारी बातें सुन रही थी। कुछ कहने की स्थिति में नहीं थी। अविनाश के बिना जीने की कल्पना तक नहीं थी उसे। अविनाश के माता-पिता पर आश्चर्य हो रहा था। इन्हें तो वो बहुत अमीर समझती थी लेकिन ये तो बहुत गरीब थे। उसे बेहतर नौकरी का लालच दे रहे हैं और उसी से भीख माँग रहे हैं, अपने मान सम्मान की, अपने बेटे की।

माँ कुछ और बातें बोलती रहीं। ले-देकर वही सब कुछ, उनका सम्मान, उनका एक मात्र सहारा, उनका भविष्य। जूली ने

कुछ सुना कुछ नहीं। अब तक के छोटे से जीवन में गरीबों, लाचारों की सेवा करना ही सीखा था। उस जैसी अनाथ बच्ची को समाज से जो मिला उसे लौटाने की छोटी सी कोशिश कर रही थी जूली। क्या इन लाचार माता-पिता को खाली हाथ जाने दे यहाँ से।

और न जाने किस मन:स्थिति में जूली उन्हें उनका बेटा वापस करने का वचन दे चुकी थी। दिल-दिमाग शून्य हो चुका था। उसे लगाा वो अपने होशो-हवास खो बैठी थी।

जब तक कुछ समझती अविनाश के माता-पिता उसके कमरे से निकल गाडी में बैठ जा चुके थे। भागती हुई बाहर तक आई नैन्सी लेकिन धूल के गुब्बार के सिवा कुछ हाथ न लगा।

और उसके बाद जूली को किसी ने न देखा। वो कहाँ गई किसी को पता नहीं। अनाथ थी तो किसी ने जानने की आवश्यकता भी न समझी कि आखिर अचानक वह नौकरी छोड़कर कहाँ चली गई। नौकरी से मिलने वाले फण्ड का पैसा अनाथाश्रम को दान करने को लिख जूली एक नई राह पर निकल चुकी थी।

आज इतने समय बाद वे यादें जिनसे पीछा छुड़ाने के लिए नाम तक बदल लिया था उसने। वे ही यादें साकार रूप में उसके सामने खड़ी थीं। मन में अनेक प्रश्न थे जिनके जवाब उसका मन माँग रहा था।

अपने संक्षिप्त कार्यक्रम के बाद डॉ. अविनाश चले गए। जूली सामने न आई। क्या उन्होंने पहचाना होगा उसे। इतना लम्बा अन्तराल साथ ही बदला हुआ नाम, शायद न पहचाना हो।

सिस्टर मैरी फिर उसी तरह अपने काम में जुट गई। लेकिन उसके उस दिन के व्यवहार से सभी के मन में तरह-तरह के सवाल थे।

सिस्टर मैरी क्या डॉ. अविनाश को जानती थी? क्यों उन्हें देख इतनी भावुक हो गई वो?

इस घटना के कुछ दिन बाद तक उनकी चर्चा होती रही लेकिन जूली चुप रही।

इनके माता-पिता बहुत बड़े डॉक्टर थे। बहुत बड़ा अस्पताल था उनका शहर में। लेकिन उस सब को छोड़ पिछड़े और अभावग्रस्त लोगों के बीच काम करना ठीक समझा डॉ. अविनाश ने।

सुना है माता-पिता कीं मृत्यु के बाद अस्पताल और सारी सम्पत्ति किसी संस्था को दान कर दी है इन्होंने।

ऐसे लोग कहाँ मिलते हैं आजकल, लोग तो पैसे के पीछे पागल रहते हैं।

ऐसी कई बातें जूली के कानों में पड़ती। इतना तो उसकी समझ में आ रहा था कि अविनाश ने अपने माता-पिता के अस्पताल में काम न कर अपना दूसरा ही रास्ता अपनाया।

कहीं अविनाश के घर छोड़ने का कारण वही तो नहीं थी। उसने तो अविनाश को उसके माता-पिता को सौंप दिया था। क्या वे ही अपने बेटे को अपने पास नहीं रख पाये। जूली सोचती लेकिन यहाँ कौन था जो उसके प्रश्नों का जवाब देता।

पन्द्रह-बीस दिन बाद डाकिया उसके नाम का एक लिफाफा दे गया तो उसे आश्चर्य हुआ। उसे चिट्ठी भेजने वाला कौन हो सकता है हो सकता है, किसी मरीज का तीमारदार हो या फिर कोई मरीज स्वयं ही।

पत्र खोलकर पढ़ा तो जहाँ खड़ी थी वहीं बैठ गई। तुम कितने ही नाम बदल लो, क्या मैं तुम्हें पहचानने में भूल कर सकता हूँ कभी! कहाँ चली गई थी तुम। बहुत ढूँढ़ा लेकिन कहीं नहीं मिली। नहीं ढूँढ़ पाया तो सब कुछ छोड़ दिया। लेकिन गरीबों, असहायों की सेवा कर सब कुछ पा लिया। यही तो चाहती

थीं तुम। और तुम भी यही कर रही हो यह जान कर मन को अपार संतोष मिला। हमारा मिलना सार्थक रहा। अविनाश के इस पत्र को कई बार पढ़ डाला जूली ने। तब तक जब तक उसके आँसुओं से शब्द धुल न गए। उसके प्रश्नों के जवाब मिल चुके थे उसे।

वापसी

पूरा हॉल तालियों की गड़गड़ाहट से गूँज रहा था। पिछले वित्तीय वर्ष में जिन लोगों ने उत्कृष्ट कार्य किया था उनको सम्मानित किया जा रहा था, हेड ऑफिस के बड़े अधिकारियों ने खुद ही उपस्थित होकर कर्मचारियों का उत्साहवर्द्धन किया। माइक पर आवाज आई–और अब उस पुरस्कार की घोषणा होगी, जो सर्वश्रेष्ठ है, जिसने व्यवसाय के सभी क्षेत्रों में सफलता प्राप्त की है और वो नाम हैं अभिनव सिन्हा। पूरा हॉल एक बार फिर तालियों की गड़गड़ाहट से गूँज उठा। तालियों की करतल ध्वनि के बीच अभिनव अपनी सीट से उठा और धीरे-धीरे मंच की ओर बढ़ने लगा।

लेकिन ये क्या। अचानक ही चारों ओर अंधकार छा गया।

अँधेरा भी ऐसा कि हाथ को हाथ नहीं सूझ रहा था। हड़बड़ाया सा अभिनव जनरेटर के चलने की प्रतीक्षा करता रहा लेकिन उजाला न हुआ। थोड़ी ही देर में उसे महसूस हुआ कि वहाँ पर तो कोई भी नहीं हैं, इस घुप्प अँधेरे में वो अकेला खड़ा है। बाहर निकलने का प्रयास किया तो कोई भी द्वार नजर नहीं आया। अभिनव पसीना-पसीना हो गया था, डर के मारे वो जोर से चिल्लाया।

–कोई है।

–क्या हुआ,–उसकी आवाज सुन अनन्या दौड़ी चली आई, अभिनव पसीने से सराबोर बिस्तर पर पड़ा था और फटी आँखों से इधर-उधर देख रहा था।

–फिर कोई बुरा सपना देखा क्या।- पत्नी ने पूछा।

–जो खुली आँखों से देख रहा हूँ, उससे बुरा क्या होगा, वह बोला। फिर अनन्या के सहारे से उसने उठने की कोशिश की। घड़ी देखी सुबह के आठ बज चुके थे। बच्चों को स्कूल भेज अनन्या अपने ऑफिस के लिए तैयार हो रही थी। अभिनव कुछ कहना चाहता था। लेकिन अनन्या की व्यस्तता देख कुछ भी न कह पाया।

थोड़ी ही देर में अपना टिफिन ले अनन्या घर से निकल गई। वैसे भी अभी उसकी नई-नई नौकरी थी। अभिनव भी अपने नित्यकर्मों के लिए नौकर की प्रतीक्षा करने लगा। एक घण्टे बाद ही फिजियोथेरेपिस्ट आ जायेगा और एक असहनीय दर्द फिर उसकी नस-नस में समा जाएगा। इसके एहसास से ही उसका रोम-रोम सिहर उठता।

अभी एक वर्ष पहले तक तो सब ठीक था। अब तो सब सपना सा लगता है। अभिनव एक बहुराष्ट्रीय कम्पनी में कार्यरत था। अपनी मेहनत और कार्यकुशलता के बल पर थोड़े ही समय

में जल्दी-जल्दी पदोन्नति की सीढ़ियाँ लाँघ उच्च पद पर जा पहुँचा था। कम्पनी में जहाँ देखो अभिनव की कार्यकुशलता की चर्चा होती। जिस भी स्थान पर जाता कम्पनी का लाभ कई गुना बढ़ जाता और उसके बॉस तो उससे इतने खुश रहते कि हर समय उसकी तारीफ करते। आखिर अभिनव के काम के आधार पर ही तो उनकी तरक्की भी निर्भर थी।

भावुक अभिनव, जब भी कोई उसकी प्रशंसा करता तो वह उसके बाद दुगुने उत्साह से काम करना शुरू कर देता। कार्य के प्रति उसके इस समर्पण से अनन्या को कई बार लगता कि अभिनव घर-परिवार की उपेक्षा कर रहा है, लेकिन अभिनव अपने वाक्‌चातुर्य से अनन्या को मना लेता।

–बच्चों को तुम पढ़ा दिया करो प्लीज, आखिर तुम्हारी पढ़ाई हमारे बच्चों के ही तो काम आयेगी।

–अभिनव सिर्फ पढ़ाई सब कुछ नहीं होती। बच्चों को तुम्हारा साथ चाहिए। उनका सर्वांगीण विकास तभी होगा जब उन्हें माता-पिता दोनों का प्यार मिले।

अनन्या कई प्रकार से अभिनव को समझाने का प्रयास करती लेकिन कुछ दिन ठीक रह अभिनव फिर अपने पुराने ढर्रे पर लौट आता। घर लौट कर भी उसका आधा समय तो फोन पर बात करने में बीत जाता। कभी किसी क्लाइंट का फोन, तो कभी-कभी बोस का।

एक दिन अभिनव घर लौटा तो बेहद खुश था। इस बार तो शायद देश भर के बेस्ट मैनेजर का अवार्ड मुझे ही मिलेगा। बॉस कह रहे थे कि सबसे अधिक व्यवसाय मैंने ही किया है और उसके बाद अगला प्रमोशन पक्का।

अनन्या भी खुश हुई क्योंकि अभिनव खुश था। लेकिन वो जानती थी इसके बाद उसकी जिम्मेदारी और बढ़ने वाली है। हर

प्रमोशन के साथ तनख्वाह और अन्य सुविधाएँ बढ़तीं लेकिन साथ ही जिम्मेदारी और काम उस अनुपात में कहीं अधिक बढ़ जाता। लेकिन फिर भी अभिनव खुश था, जी-जान लगाकर किये गए काम की सफलता उसे आल्हादित कर देती। साथ ही उच्च अधिकारियों की प्रशंसा पाकर वो दुगुने जोश से अगले काम में जुट जाता।

–उफ् कितनी उमस है आज!–अभिनव ने माथे पर छलक आया पसीना पोंछा, नौकर की सहायता से नहा-धोकर अभिनव नाश्ते की प्रतीक्षा कर रहा था। हमेशा भाग दौड़ करने वाला अभिनव लाचार हो दूसरों की कृपा पर निर्भर हो गया था। उसके आँसू निकल आये।

कमला नाश्ता रखने आई तो अभिनव को फिर ख्यालों में खोए हुए पाया। उसकी आँखों से बहते हुए आँसू स्वतः ही कुछ कह रहे थे। कमला इस घर में तब से काम कर रही जब पूरा घर खुशहाल था। कितने जिन्दादिल इंसान थे अभिनव, हर समय भाग-दौड़ करते रहना, बातों-बातों में जीवन्त ठहाके मारना, उसकी आदत में शुमार था। वही अभिनव अब कितना शान्त, लाचार हो गया है।

कमला समझाने का प्रयास करती लेकिन जानती थी अभिनव को क्या दर्द खाये जा रहा है।

एक वर्ष पहले की ही तो बात है। खाना-खाने के बाद टी. वी. देख रहा था कि अचानक एक ओर को लुढ़क गया। पूरा शरीर निष्प्राण सा हो गया था। पड़ोसियों की मदद से अनन्या उसे अस्पताल ले गई। ब्रेन हैमरेज हो गया था। अनन्या तो जैसे पागल सी हो गई थी। इस नितान्त अपरिचित शहर में अभिनव के दोस्तों का ही सहारा था। एक दो लोग रात को ही आ गये थे तो बाकी लोग सुबह इकट्ठे हो गए।

अनन्या ने राहत की साँस ली। आखिर अभिनव ने पैसे के साथ-साथ कुछ इन्सान भी कमाए थे। जो आज उस विपदा की घड़ी में उसके साथ खड़े थे।

डॉक्टरों के अथक प्रयास व मित्रों की दुआओं से अभिनव बच तो गया लेकिन ये झटका उसका बायाँ अंग बेकार कर गया, एक-डेढ़ महीने तक तो वो अपना बायाँ हाथ और पैर बिल्कुल भी नहीं उठा पाया।

सगे-सम्बन्धी, मित्रगण जितना कर सकते थे उन्होंने किया, अब ये सब तो अनन्या और अभिनव को ही झेलना था। धीरे-धीरे डॉक्टर ने अभिनव को फिजियोथेरेपी की सलाह दी। उसके मृतप्राय अंगों को जीवित करने का यही एक मात्र तरीका था।

समय से साथ-साथ उसमें सुधार आने लगा था, यों भी इच्छा शक्ति की कमी नहीं थी उसके अन्दर। जल्दी से जल्दी ठीक होकर वो अपने ऑफिस जाना चाहता था। उसकी अनुपस्थिति में उसके काम का न जाने क्या हो रहा होगा। और तीन महीने बाद जब डॉक्टर ने कहा कि वो ऑफिस जा सकता है तो अभिनव और अनन्या की खुशी की सीमा न रही। वैसे भी अभिनव अब घर में रहते-रहते चिड़चिड़ा सा होने लगा था। ऑफिस जाने की खुशी ने उसे तीन महीने के दर्द से मुक्त किया था।

अगले ही दिन अनन्या अभिनव को साथ ले उसके ऑफिस पहुँच गई। लेकिन अभिनव को ऑफिस में देख उसके बॉस के चेहरे पर आने वाले भावों को देख उन दोनों को निराशा हुई। अनन्या को लगा अभिनव के घनिष्ठ मित्र भी उससे कुछ छिपा रहे हैं।

–आप तो अधिक भागदौड़ कर नहीं सकते सो आपकी जगह हमने किसी और को नियुक्त कर दिया है। ठण्डे लहजे में बोले गये बॉस के ये शब्द अभिनव को अन्दर तक आहत कर गए।

–लेकिन सर, डॉक्टर कहते हैं मैं काम करने में पूरी तरह सक्षम हूँ। सर अभी सुधार की और गुंजाइश है, धीरे-धीरे मैं पहले की तरह...। वह आगे बोलता इससे पहले ही बॉस ने रूखे अंदाज में जवाब दिया–

–कम्पनी आपके ठीक होने की प्रतीक्षा नहीं कर सकती मिस्टर अभिनव! उसे गति चाहिए और फिर उसने कम्पनी की प्राथमिकता सामने रख दी।

–लेकिन सर, मैंने कम्पनी को अपना सब कुछ दिया है। अभिनव की आवाज रुँधने लगी थी।

पर वह बोला- इसी को ध्यान में रखते हुए कम्पनी आपकी सेवाएँ समाप्त न कर आपको दूसरा काम सौंप रही है। आप बिलिंग वाली सीट देख लीजिएगा। बॉस ने उसके अहसान का बदला एक झटके में उतार दिया था।

–क्या, बिलिंग वाली सीट! वो तो क्लेरिकल काम है सर। मैं इसी कम्पनी में उच्च पद पर रह चुका हूँ।–इन बदली हुई परिस्थितियों से अभिनव और अनन्या दोनों ही आश्चर्यचकित थे। अनन्या को याद आया अभिनव कैसे इस कम्पनी से भावनात्मक रूप से जुड़ा था। कम्पनी का हर काम वो अपना समझ कर करता। सिर्फ पैसा या तरक्की ही सब कुछ नहीं था उसके लिए। लेकिन अब अभिनव के इस अपमान को बर्दाश्त करने की क्षमता नहीं थी उसमें।

–हम आपको कुछ दिन में बता देंगे, सर। कहकर अनन्या ही अभिनव को वहाँ से बाहर ले आई।

–मैं नौकरी नहीं करूँगा तो घर कैसे चलेगा, अनन्या। अनन्या के इस तरह का अपमान न सहन करने की सलाह पर अभिनव हताश भरे स्वर में बोला।

–मैं नौकरी करूँगी, आखिर मेरी पढ़ाई इस मुसीबत के समय ही तो काम आयेगी, और तुम मानसिक रूप से अपने आप

को सँभालो। वहाँ की जिल्लत बर्दाशत करने से अच्छा है कि घर के कुछ काम कर लेना। अभिनव की इस जिल्लत को बर्दाशत न कर पाने वाली अनन्या मन ही मन बहुत कुछ सोच चुकी थी।

लेकिन अनन्या उस कम्पनी के लिए मैंने बहुत कुछ किया है। कोई तो मेरी सुनेगा, मैं आगे अपील करूँगा। अभिनव का मन अब भी कहता था कि कम्पनी में कोई तो पूर्व में उसके द्वारा किये गए कार्यों का सही मूल्यांकन करेगा।

लेकिन ऐसा कुछ न हुआ। लाभ कमाने वाली कम्पनी को अपाहिज अभिनव की आवश्यकता न थी। एक ने तो अनन्या से यहाँ तक कह दिया कि वो अपनी जिम्मेदारी कम्पनी के सिर पर थोपना चाहती है। किसी दूसरे अधिकारी ने संवेदना बरतते हुए अनन्या को उसके स्थान पर कोई नौकरी देने का आश्वासन दिया। लेकिन बुरी तरह आहत अभिनव और अनन्या ने इस प्रस्ताव को अस्वीकार कर दिया।

इस पूरे घटनाक्रम से अभिनव इतना टूट गया कि उसने एक बार फिर बिस्तर पकड़ लिया। ठीक होने की उसकी इच्छा समाप्त हो चुकी थी। उसे बार-बार लगता जैसे उसे इस्तेमाल किया गया हो। छिप-छिप कर आँसू बहाता, लेकिन कोशिश करता, अनन्या को इसका पता न चले।

अपने प्रयासों और अभिनव के कुछ मित्रों की मदद से अब अनन्या की भी नौकरी लग चुकी थी। लेकिन अभिनव गहरी निराशा में डूबता जा रहा था। अनन्या की जिम्मेदारी अब और बढ़ गई थी। नौकरी, बच्चे और अभिनव तीनों के बीच वो बुरी तरह थक जाती। लेकिन उसने हिम्मत न हारी। अभिनव को कभी इस बात का अहसास न होने दिया कि वो लाचार है, अपाहिज है। किन्तु अभिनव स्वयं से ही परेशान था। नाश्ता करने के बाद वो छड़ी के सहारे चल बालकनी में आकर बैठ गया।

कम्पनी ने जो पद उसे देना चाहा था वो उसने स्वीकार नहीं किया था। कितना पागल था अभिनव अपने काम के लिए। अब सोचता तो सब मूर्खता लगती। उसके ऑफिस न जाने पर कम्पनी ने थोड़ा बहुत हरजाना दे उससे हमेशा के लिए पीछा छुड़ा लिया था।

फिजियोथेरेपिस्ट आ चुका था, अभिनव अपने कमरे में आ गया। फिर वही दर्द जो उसकी नस-नस में समा गया।

–सर, आप ठीक होने की इच्छा छोड़ चुके हैं शायद। पहले तीन महीने में तो आप बहुत ठीक हो गए थे। लेकिन अब तो स्थिति पहले से भी खराब हो रही है।

फिजियोथेरेपिस्ट ने कहा तो अभिनव की समझ में न आया क्या जवाब दे। क्या कहे उससे कि पहले वो काम आरम्भ करने के लिए ठीक हो रहा था। एक उम्मीद थी उसे कि उसकी जिन्दगी पहले की तरह हो जाएगी। लेकिन अब तो कुछ भी नहीं। ऐसे जीने से तो मर जाना ही बेहतर। पर, ऐसा तो नहीं है! धीरे से इतना ही कह चुप हो गया अभिनव।

वो चला गया, अब अभिनव सारा दिन अकेला था। पढने का कितना शौक हुआ करता था उसे। नौकरी लगने के बाद धीरे-धीरे पढ़ने के लिए समय निकालना कम होता गया। वो सोचता रिटायर होने के बाद खूब पढ़ेगा, तब अपने शौक को पूरा करने का पर्याप्त समय होगा उसके पास, लेकिन पर्याप्त समय होने के बाद भी पढ़ने का मन न करता। जब भी मौका मिलता अनन्या उसके पसन्द की एक-दो किताबें ले आती।

इतनी व्यस्तता के बाद भी अनन्या कितना ध्यान रखती है उसका। उसका मन न दु:खे इसके लिए किताब खोल कर पढ़ने का बहाना करता, लेकिन दो-एक पेज जो सामने खुले रहते वे ही घंटों तक खुले रहते।

फिजियोथेरेपिस्ट इस बीच कई बार अनन्या से अभिनव की इच्छाशक्ति में आई कमी के बारे में जिक्र कर चुका था।

अनन्या की शिकायत थी कि अभिनव के ठीक होने की गति बहुत धीमी है।

—मैडम! हम तो अपना काम कर रहे हैं, वो ठीक ही नहीं होना चाहते हैं हम क्या करें। उसके ये शब्द अनन्या की परेशानियों को और बढ़ा देते, अभिनव के समझाने का उसका हर प्रयास विफल हो रहा था।

अनन्या शाम को वापस लौटी तो अन्य दिनों की अपेक्षा प्रसन्न थी। जाते ही अभिनव को खबर देगी कि उसने अभिनव के लिए जीने का मकसद ढूँढ़ लिया है तो शायद इस निराशा से उसे उबार पाये।

—अभिनव तुम्हारे लिए बहुत अच्छा काम है, तुम्हारी रुचि का भी और ज्यादा शारीरिक मेहनत भी नहीं। वो लोग तुम्हें अगले हफ्ते से ही काम देना चाहते हैं। अनन्या के स्वर में प्रसन्नता थी।

—क्या कर पाऊँगा मैं? अब मैं किसी काम का नहीं। —अभिनव और कुछ कहता इससे पहले ही अनन्या ने एक पत्र उसके सामने रख दिया। शहर में व्यापार प्रबंधन की पढ़ाई हेतु एक प्रतिष्ठित संस्थान था। मार्केटिंग के क्षेत्र में अभिनव की विशेष दक्षता को देखते हुए उन्होंने उसे वहाँ सप्ताह में तीन दिन दो कक्षायें पढ़ाने हेतु तदर्थ नियुक्ति दी थी। जिसे बाद में अभिनव की योग्यता व छात्रों के हित के अनुसार स्थायी भी किया जा सकता था।

—अभिनव, तुम सब कुछ कर सकते हो, तुम्हें ठीक होना होगा। हमारे लिए, हमारे बच्चों के लिए। क्यों उस कम्पनी के लिए निराशा ओढ़े हो जिसने सिर्फ तुम्हारा इस्तेमाल किया। अनन्या बोलती जा रही थी और अभिनव गहरी सोच में डूब गया था।

–ठीक ही तो कह रही है अनन्या। मुझे जिनके लिए जीना चाहिए उनके लिए तो मैं कुछ सोच ही नहीं रहा। उन्हीं से जुड़ने की सोच रहा हूँ, जिनसे कोई लेना-देना ही नहीं। फिर पिछले कुछ समय से मेरे ही कारण घर का माहौल कितना गमगीन हो गया है। बच्चों ने शैतानी तक करनी छोड़ दी।

दरअसल, अनन्या ने उन्हें समझा दिया था कि पापा की तबियत खराब है इसलिए वो लोग भी शान्त रहें, सहमे-सहमे से बच्चे चुपचाप अपनी पढ़ाई करते।

अभिनव द्रवित हो उठा–नहीं अब और नहीं चलेगा ऐसा। अगर अपना नहीं तो मुझे बच्चों का खयाल तो रखना ही होगा। अनन्या और बच्चों के लिए एक नई जिन्दगी की शुरुआत करनी होगी। अनन्या के हाथ में हाथ रख वो धीरे से मुस्कुरा दिया।

अनन्या उसकी मुस्कराहट और स्पर्श की भाषा समझ गई। इतने दिनों से अभिनव के सामने बड़े यत्न से छुपाये गये आँसू आँखों से झर-झर बह निकले।

●●●